プロローグ

「どうすれば勉強のやる気が上がりますか？」
「どうすれば勉強の集中力が上がりますか？」
「どうすれば勉強の効率が上がりますか？」

「勉強法デザイナー」として、子どもから大人まで使える楽しい勉強法を日々発信するわたしのもとには、毎月１００件以上の学習相談が寄せられます。

そのなかでも特に多いお悩《なや》み相談がこの３つ。**やる気・集中力・効率**は、勉強に取り組むほとんどの人が一度はぶつかる壁《かべ》ではないでしょうか。

こうしたお悩《なや》みを解決する方法はたくさんあるのですが、**最も手っ取り早いのは「勉強道具を工夫《くふう》すること」**です。

道具を変えれば勉強が変わる!

勉強に使う道具はいろいろあります。ペンやノートはもちろん、教科書や参考書、机や椅子《いす》なども勉強道具といえますよね。**じつはこうした道具を少し工夫《くふう》するだけで、やる気や集中力、効率といった勉強のお悩《なや》みは一気に解決してしまうこともあるんです。**

たとえば、なんとなく家にあったから使っていたシャーペンを、**自分で吟味《ぎんみ》した書きやすいシャーペン**に変える。すると、文字をすいすい書けるので勉強へのハードルが低くなり、自然と勉強しようという気持ちになります。

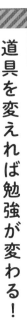

たとえば、面倒《めんどう》くさくていつも後回しにしてしまう問題集に、自分の好きなキャラクターのシールを貼《は》ったり、**かわいい包装紙で手作りしたカバー**をかけてみる。すると、つい手に取りたくなり、気づいたら1問2問と解きはじめられることもあります。

ほかにも、やる気も集中力もまったくなかった子が、**学習タイマー**を使うだけで勉強をがんばれるようになったり、暗記が苦手だった子が、**赤シートと手帳サイズのバインダーを使った暗記ノート術**を取り入れただけで満点近い得点をとれるようになったりと、道具を工夫《くふう》することで勉強が楽しく効率的になった例は数えきれないほどあります。

本書の構成と使い方

この本ではこんなふうに、**文房具をはじめとした勉強道具の工夫《くふう》によって勉強のやる気や効率をアップさせる方法**を、おすすめ商品とともに詳《くわ》しくご紹介《しょうかい》していきます。

●**序章「いいことたくさん！ 勉強道具にこだわろう」**
↓勉強道具にこだわるメリットと買うときのポイントを解説します。

●**第1章「最高の相棒を見つけよう！ 基本文房具の選び方と使い方」**
↓基本的な文房具の選び方と使い方について、筆箱に入れておくメイン文房具と、お道具箱や机のひきだしなどに入れておくサブ文房具に分けてご紹介《しょうかい》します。

●第2章「しっかりおさえよう！　ノートの選び方と使い方」

↓レベルや目的に合わせたノートの選び方と使い方を詳《くわ》しくご説明します。

●第3章「学力アップにつなげよう！　教科書・参考書の活用術」

↓見落としがちな教科書の使い方、参考書の選び方と使い方を解説します。

●第4章「勉強上手さんになろう！　やる気と効率がアップする勉強道具活用術」

↓勉強がより楽しく効率的になるおすすめ文房具や、身近なグッズで勉強のやる気をアップさせる方法をご紹介《しょうかい》します。

●第5章「効率よく片づけよう！　勉強道具の整理・収納術」

↓散らかりがちな文房具やプリントの効果的な整理収納術を解説します。

●第6章「保護者の方へ　子どもの勉強道具サポート術」
↓保護者の方々のお悩《なや》みを解決する勉強道具術をQ＆A形式でご紹介《しょうかい》します。

最高の相棒たちと勉強を楽しもう！

勉強はほんのちょっとの工夫《くふう》で、誰《だれ》でも楽しむことができます。具体的な方法をたっぷりご紹介《しょうかい》しますので、今日から一緒《いっしょ》に**「ごきげん勉強」**を始めちゃいましょう！

みおりん

Contents

第5章

第6章

装丁／西垂水敦・市川さつき（krran）
本文デザイン・DTP／Issiki
カバー・本文イラスト／かりた／のだかおり

＊本書に記載の商品価格は、メーカー希望小売価格（税込）で表記しています。
また、お店によって販売していない場合や在庫がない場合がございます。予めご了承ください。
＊本書に記載されている情報は、2023年10月現在のものです。
事情により情報が変更になる場合がございます。予めご了承ください。

序章

いいことたくさん！

勉強道具にこだわろう

勉強するときに欠かせない、文房具やテキスト、机や椅《い》子《す》などの相棒たち。じつは、こうしたものにこだわるだけで、勉強が一気に得意になったり楽しくなったりすることもあるんです。この章では、勉強道具にこだわるメリットと、買うときのポイントをご紹介《しょうかい》します。

勉強道具にこだわる3つのメリット

ペンやノートなんて、どれを使っても同じでしょ？

一部の文房具好きの人だけがこだわればいいんじゃない？

そんなことはありません！
勉強道具にこだわると、いろんないいことが起きちゃうんです。

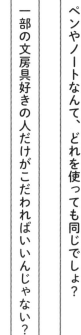

メリット①勉強の効率がアップする

1つ目は、**勉強の効率がアップすること**。

たとえば、芯《しん》がすぐに折れたりすべりが悪かったりする書きにくいシャーペンAと、芯《しん》が折れづらくさらさらと使える書きやすいシャーペンBがあったとします。AよりBのシャーペンを使ったほうが、芯《しん》を出す手間や書きにくさへのストレスが少なく、勉強自体がスムーズにはかどりますよね。

また、粘着力《ねんちゃくりょく》が弱くてすぐに剥《は》がれてしまうふせんAと、しっかり貼《は》り付くふせんBがあったとします。Aのふせんは、せっかく参考書の覚えたいところに貼《は》っておいてもカバンの中で剥《は》がれ、家に着いたら「あとで見返そうと思っていたところがどこかわからない……」なんてことになってしまうかもしれません。一方Bのふせんなら、そうした困りごとは起きませんよね。

このように、「書きやすさ」や「剥《は》がれにくさ」などのポイントにこだわって勉強道具を選ぶようにすると、**ムダな手間やストレスがなくなって勉強の効率をアップさせることができる**のです。

メリット②勉強のやる気がアップする

2つ目は、**勉強のやる気がアップする**こと。

勉強道具の主なこだわりポイントとしては、**「機能性」**と**「デザイン」**があります。

機能性にこだわって勉強道具を選べば、使いにくさによるストレスやハードルがなくなるので、勉強しようという気持ちが湧《わ》きやすくなります。

デザインにこだわって勉強道具を選べば、目に入るたびに「かわいいな」「かっこいいな」と気分が上がり、勉強を楽しく感じられるようになります。

勉強のやる気が出ない人は、**機能性とデザインにこだわって新しい文房具を買ってみる**といいでしょう。

メリット③最後までやり抜くクセがつく

3つ目は、**最後までやり抜くクセがつく**こと。

こだわって選んだ勉強道具には自ずと愛着が湧《わ》くもの。**愛着が湧《わ》くと、その道具を長く**

使いつづけようという気持ちになれます。

あるボールペンに愛着が湧《わ》けば、「このボールペンのインクを使い果たすまでがんばって勉強してみよう」と思えるかもしれないし、あるノートに愛着が湧《わ》けば、「このノートは途中《とちゅう》で投げ出さず、最後のページまで使い切ろう」と決意できるかもしれません。

勉強道具へのこだわりは、勉強の継続力《けいぞくりょく》にもつながるのです。

勉強道具を買うときのポイント

なるほど、勉強道具は大事なんだね！　じゃあ、かわいい文房具をたくさん買っちゃおーっと♪

ちょっと待って！　勉強道具は好きなときに好きなだけ買えばいいというものではないんです。次のポイントを意識するようにしてください。

ポイント①必要性が生じてから買う

フラッと文房具売り場に行って「これかわいい！」とペンやノートを衝動《しょうどう》買いしてしまう人がときどきいますが、これは勉強に使う道具という意味ではNGです（もちろん、趣《しゅ》味《み》のコレクションとして購入《こうにゅう》するぶんにはかまいません）。

たとえば、ペンを気分次第でどんどん増やしてしまうと、ペンケースの中が色とりどりのペンであふれ、ノートをとるにも「どの色のペンで書こうかな」と迷う時間が発生してしまいますよね。こうなるとムダな時間がかかってしまうし、ノートのページも必要以上にカラフルになってどこに注目していいかわからなくなってしまいます。

勉強道具を買うのは、「必要性が生じてから」。

- 赤ペンを使い切ってしまったから、新しい赤ペンを買おう
- 単語帳に印をつけたいから、細くて剥《は》がれにくいふせんを買おう
- いまのペンケースだと必要な数のペンが入らないから、もうひとまわり大きいペンケースを買おう

というように、**どんな目的のアイテムが必要なのか**をはっきりさせてから買い物に行くようにしましょう。

ポイント②自分なりのこだわりをもつ

3つのメリットをご紹介《しょうかい》したように、勉強道具にはこだわりをもつことが大切です。

- シャーペンの芯《しん》は自分にとって書きやすい、濃《こ》さB・太さ0.3ミリのものを使う
- ノートは自分がいちばんきれいに書ける、幅《はば》6ミリの罫線《けいせん》のものを使う
- ペンケースの中身は自分のテンションが上がる、好きな色の文房具に統一する

など、**自分のやる気や勉強の効率がアップするこだわりポイント**をもてるといいですね。

ポイント③安すぎる商品はなるべく避《さ》ける

わたしが小学生のころから意識していたのが、**「長く使う勉強道具はあまり安価な商品**

を選ばない」「逆に消耗《しょうもう》品はなるべくリーズナブルな商品を選ぶ」ということです。

たとえば、学校の授業プリントやルーズリーフを綴《と》じるバインダーは、少し奮発して500円くらいのものを科目ごとに色違《ちが》いでそろえたり、ハサミは数百円のしっかり切れるものを購入《こうにゅう》したりしていました。逆に、丸つけにしか使わない赤ボールペンは100円ショップで購入《こうにゅう》することもよくありました。

「安いから」という理由で選んだものよりは、「この色や使い心地が好きだから」という理由で選んだもののほうが愛着が湧《わ》いて、大切に使おうという気持ちになります。また、やはりある程度の価格のもののほうが、品質がよかったり長持ちしやすかったりします。

日々の勉強道具にかけられるお金にはもちろん限りがありますが、長く使う勉強道具だけでもいいので、**なるべく安すぎないものを選ぶ**のがおすすめです。

勉強道具を買える場所

勉強道具を用意するのが楽しみになってきたね！

さっそく一緒《いっしょ》に買いに行こう！……でも、どこで買ったらいいのかな？

勉強道具を買える場所はいろいろ！
行きつけのお店ができると楽しくなりますよ。

勉強道具は、次のような場所で購入《こうにゅう》することができます。

●**文具専門店**

●**雑貨店**（ロフトやハンズ、プラザなど）や総合スーパー（イオンやイトーヨーカドーなど）
●**無印良品**
●**ネット通販《つうはん》**（Amazonや楽天市場など）
●**100円ショップ**（ダイソーやセリアなど）

もちろんどこでも、自分の好きなお店で購入《こうにゅう》してOK。ただし前述のとおり、安価であるからという理由だけで100円ショップの文房具をそろえるのはあまりおすすめしません。**なるべく機能性やデザインにこだわって選ぶ**ようにしてみてくださいね。

お店選びのポイント

少し変わった機能があるものを探したい	←	ロフトやハンズ
今すぐほしい	←	ネット通販《つうはん》
安くて使い捨てられるものがいい	←	100円ショップ

第 1 章

最高の相棒を見つけよう！

基本文房具の選び方と使い方

勉強道具にもいろいろありますが、まずはこだわりたいのが身近な文房具。自分に合った文房具を使うだけで、勉強が劇的に楽しく効率的になることもあります。この章では、はじめに用意すべき基本の文房具の選び方と使い方を、おすすめ商品をまじえてご紹介《しょうかい》します。

勉強に必要な基本の文房具

勉強に必要な道具をそろえたいけど、そもそもなにを用意すればいいのかな？

あれもこれもと欲張らず、まずは基本の文房具をおさえましょう！

勉強に使う道具はいろいろ。ペンやノートといった文房具はもちろん、教科書や参考書、学習机なども勉強道具ということができます。授業動画や勉強系のアプリ、学校や塾《じゅく》も勉強道具と考えることができるかもしれませんね。

そのなかでも、まずは**最も身近な文房具**から用意しましょう。ノート以外の文房具は大きく次の2種類に分けることができます。

●**メイン文房具**
ペンケース（筆箱）と、ペンケースに入れておく主要な文房具

●**サブ文房具**
机に置いておいたり、お道具箱に入れておいたりする補助的な文房具

この章では、メイン文房具とサブ文房具の選び方と使い方を詳《くわ》しくご紹介《しょうかい》します。

ノートや教科書・参考書、机などの勉強道具術については次の章以降で解説するので、少し待っていてくださいね。

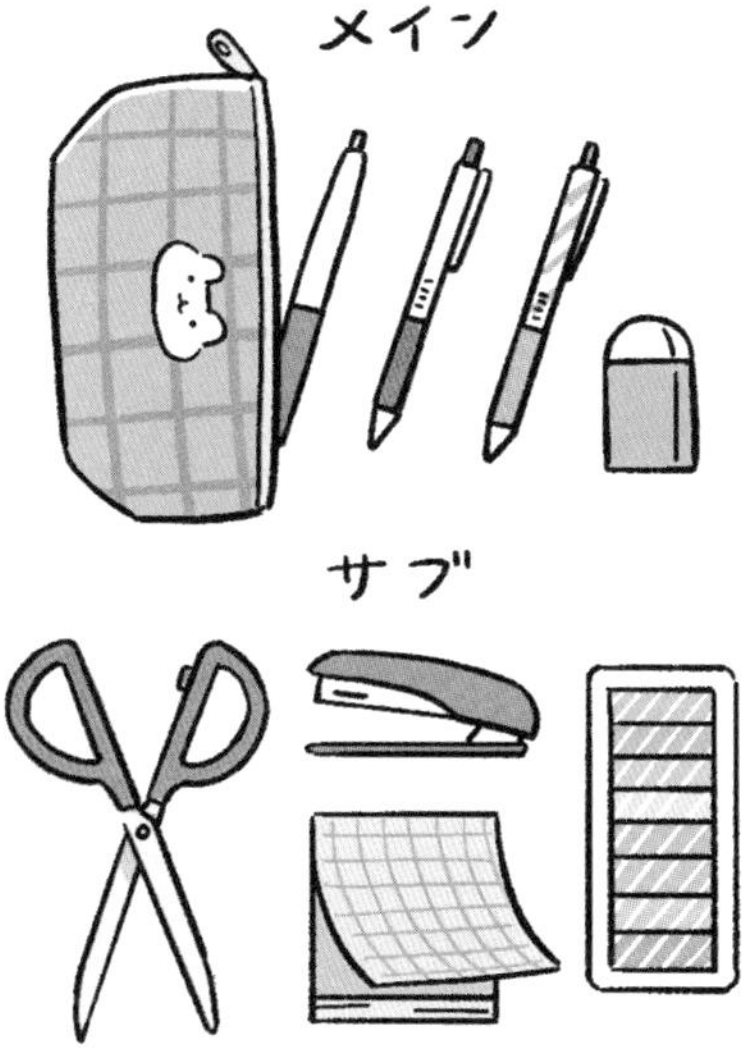

メイン文房具の選び方と使い方

ペンケースに入れておくべきメイン文房具としては、次のようなものがあります。

①シャーペンと芯《しん》
②鉛筆《えんぴつ》
③黒ボールペン
④カラーボールペン
⑤マーカー・蛍光《けいこう》ペン
⑥消しゴム
⑦修正テープ
⑧定規

まずはペンケースとこの8つの文房具について、

✔選び方のポイント
✔用意するべき数
✔使い方
✔おすすめ商品

をご紹介《しょうかい》するので、お買いものに行く前の参考にしてくださいね。

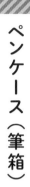

ペンケース（筆箱）

選び方のポイント

✔中身が見えやすいか

中身がよく見えると、目的のペンを見つけやすくなり、時短につながります。

✔中身が取り出しやすいか

取り出し口が広い・ペン立て型になるなど、目的のペンをすぐに取り出せる工夫《くふう》がされているか確認《かくにん》しましょう。

✔サイズが大きすぎないか

大きなペンケースを使ってしまうと、パンパンになるまでたくさんペンを入れてしまいがち。勉強効率を上げるためにはペンの数は最小限にしぼる必要があるので、コンパクトなサイズのペンケースを選ぶのがおすすめです。

用意するべき数

ペンケースは基本的には1つあればOK。ときどき「カラーペン用」「それ以外用」などと2つ以上に分ける人がいますが、色ペンを増やしてしまうと勉強の効率が下がってしまいます。**わざわざ別のペンケースを用意しなければならないほど多くのカラーペンを持つのは避《さ》けましょう。**

なお、塾《じゅく》に行っている人は、必要に応じて**「学校・自宅学習用」と「塾《じゅく》用」の2つのペンケースを用意してもOK**です。

使い方

ペンケースの役割は、勉強に使う筆記具を一つの場所にまとめ、持ち歩きができるようにすること。家でも学校でも、自習室や図書館に行くときでも、常に相棒として手もとに置くようにしましょう。また、勉強がひと区切りついたら、取り出したペンや消しゴムはペンケースにしっかりと戻《もど》してくださいね。

ペンケースの おすすめ商品

わたしは高校時代から大学入学直後くらいまで、ずっとこのネオクリッツ（レギュラーサイズ）を使っていました。東大でも使っている学生をよく見かける商品です。

Product name:

ネオクリッツ

Maker: **コクヨ**　Price: **1,595円**

ペンケースでありながら、上部を外側にめくることでペン立てのようにして使える優れもの。中身がひと目でわかるので、目的のペンにたどり着くまでの時間を短縮して一気に勉強効率を上げることができます。コンパクトな見た目の割に容量が多いのもうれしいポイント。

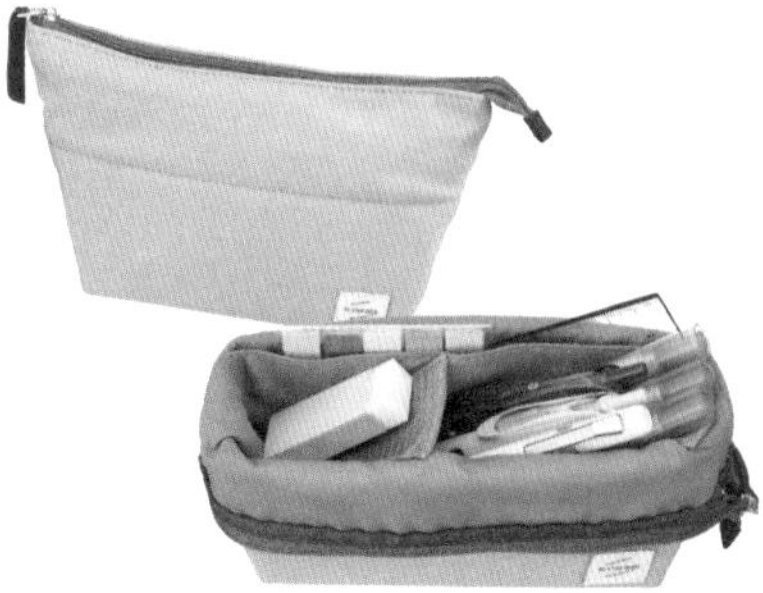

Product name:

Nストレージ

Maker: コクヨ　Price: 1,650円

ペンを斜めにして収納することができる「ななめ仕切り」が特徴的なペンケース。斜めになっているので中身が見やすく、目的のペンや消しゴムをすぐに取り出すことができます。
深いポケットにはペンを、浅いポケットには消しゴムなどを、薄いポケットにはふせんや定規などを収納。上部を折り返して使えば、中身がさらに取り出しやすくなります。

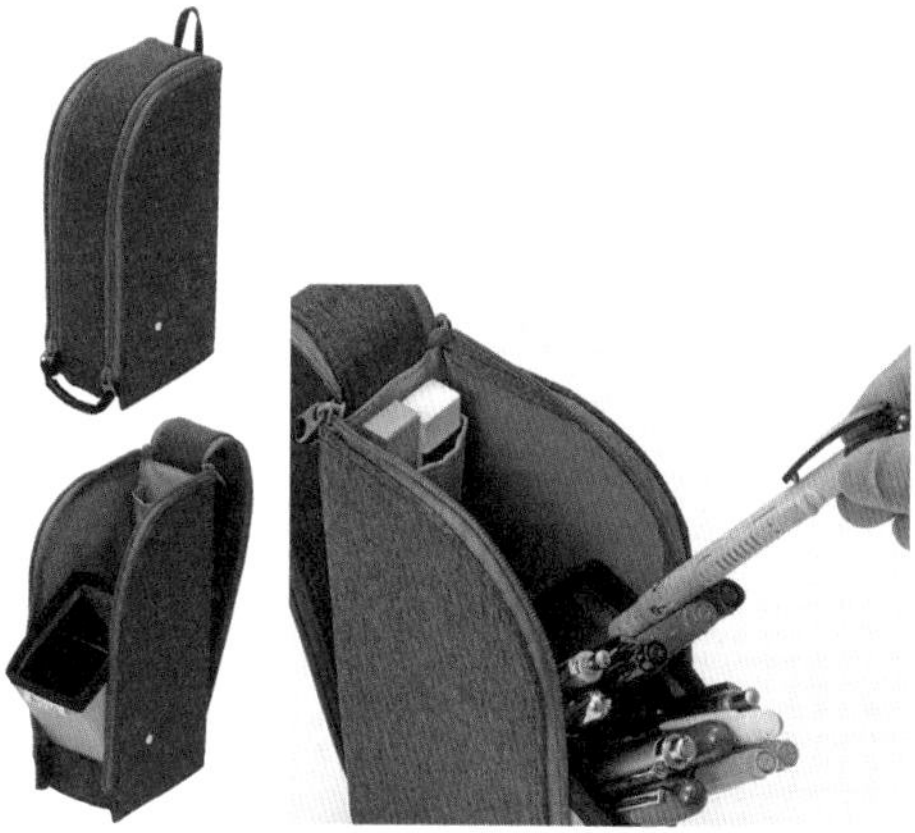

取り出しやすさを追求したい人におすすめ!

ランドセルのような見た目のペンケース。フタを開け、中のペン入れ部分を引っ張ると、なんと手前に前傾して取り出しやすくなるという仕組みです。
丈夫でしっかりとしたつくりになっており、ペン立てタイプのペンケースにありがちな不安定さも克服されています。

Product name:

デテクールペンケース

Maker: レイメイ藤井　Price: 2,090円

授業動画を観《み》る人や、
Study with me などの
作業動画を流しながら勉強したい人におすすめ。

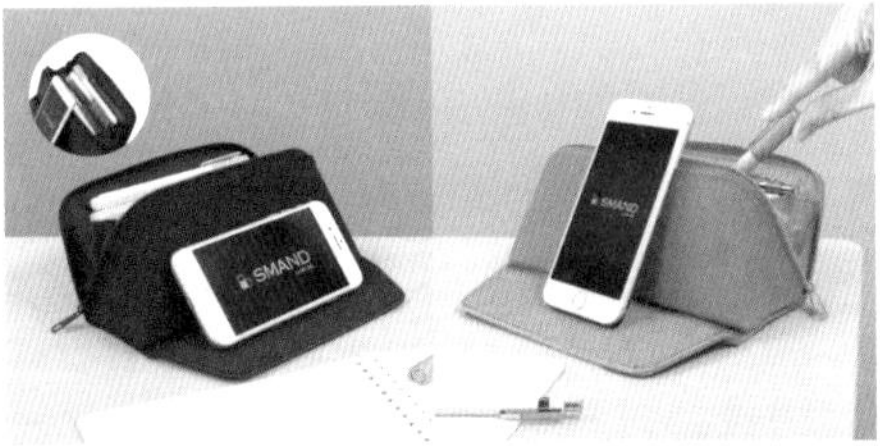

Product name:

SMAND

Maker: **サンスター文具** Price: **1,595円**

前面がマグネット式になっており、そこを開くとスマートフォンスタンドになるという商品です。スマホは縦にも横にも置くことができます。
肝心のペンケース部分も、がばっと大きく開く設計になっており、ペンが取り出しやすいように配慮されています。

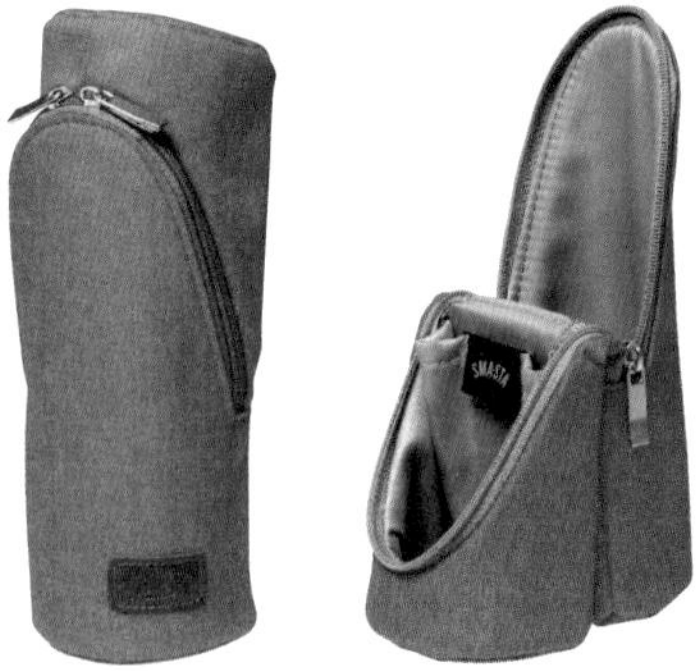

ファスナーを開け、半円柱型のポーチをくるっとひっくり返すとペン立て型になるペンケース。ひっくり返した部分はマグネットでしっかりくっつくので、パカパカと広がってしまう心配もありません。
そしてこのひっくり返した部分には、スマホを立てて置くこともできるんです。動画や音楽を流しながら勉強したい人におすすめの商品です。

Product name:

スマ・スタ カーム
立つペンケース

Maker: **ソニック** Price: **1,760円**

シャーペン（シャープペンシル）と芯《しん》

選び方のポイント

✔芯《しん》の濃《こ》さ

自分の筆圧に合わせて、はっきり書ける濃《こ》さを選びましょう。HB・B・2Bあたりが一般的《いっぱんてき》です。「B」の前につく数字が大きくなるほど芯《しん》が濃《こ》くなります。

6B	柔《やわ》らかい・濃《こ》い
5B	↑
4B	
3B	
2B	
B	
HB	
F	↓
H	硬《かた》い・薄《うす》い

✔芯《しん》の太さ

自分の書きやすい太さのものを選びま

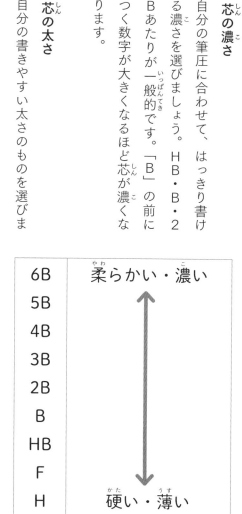

しょう。最も一般的《いっぱんてき》なのは0.5ミリなので、迷ったらこれを選べばOK。細めが好きな人には0.3ミリ、太めが好きな人には0.7ミリもおすすめです。

✔ **グリップの硬《かた》さ・太さ**

持ち手の硬《かた》さや太さも、いろいろ試《ため》しながら自分に合ったものを選びましょう。

✔ **本体の重さ**

しっかり安定して書きたい人には重めのもの、さらさらと書きたい人には軽めのものがおすすめ。ペン先側に重心を置くことで文字を書きやすくする低重心タイプの商品も人気です。

✔ **書きやすさ（疲《つか》れにくさ）**

実際に使ってみて、「なめらかに書けるな」「書いていても疲《つか》れにくいな」と感じるものを相棒にしましょう。

用意するべき数

ペンケースに入れておくシャーペンは1〜2本でOK。それ以上増やしてしまうと、「今日はどのシャーペンを使おうかな？」と考える時間が発生してしまい、勉強の効率が下がってしまいます。2本あれば、1本が壊《こわ》れてしまったときでもすぐに対応できるので安心です。また、シャーペンの芯《しん》はケース1つ分用意しておけば充分《じゅうぶん》でしょう。

使い方

授業ノートをとるときや問題を解くときなど、**迷ったらシャーペンを使えばOK**です。ボールペンとの使い分けについてはこのあと黒ボールペンのところで解説しますね。

なお、**各シャーペンには必ず1本、予備の芯《しん》を入れておくようにしましょう。**テスト中や急いで板書を写しているときなど、急に芯《しん》がなくなってしまっても焦《あせ》らなくて済みます。逆に芯《しん》をたくさん入れすぎてしまうと、故障につながりやすくなるので要注意。

シャーペンのおすすめ商品

わたしはここ数年愛用しています！

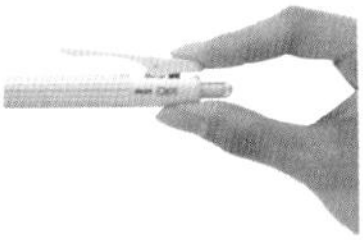

Product name:

フレフレオプト

Maker: **パイロット**　Price: **220円**

しっかりとした書き心地ですらすら書くことができ、デザインもシンプルでスタイリッシュなので、万人におすすめできる商品です。価格がリーズナブルなのもうれしいところ。

その名のとおり、振るだけで芯が出るパイロット独自の「フレフレメカ」が搭載されています。丈夫なクリップ付きです！

Product name:

モノグラフ

Maker: **トンボ鉛筆**　Price: **440円**

消しゴムの定番「MONO消しゴム」を搭載したシャーペン。消しゴム部分の機能が高いのはもちろんのこと、書きやすさや使いやすさもばっちりの商品です。振って芯が出るようになる「フレノック機構」と、クリップ部分を押し上げることで、振っても芯が出なくなる「フレロック」機能がついています。

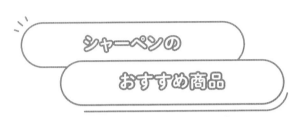

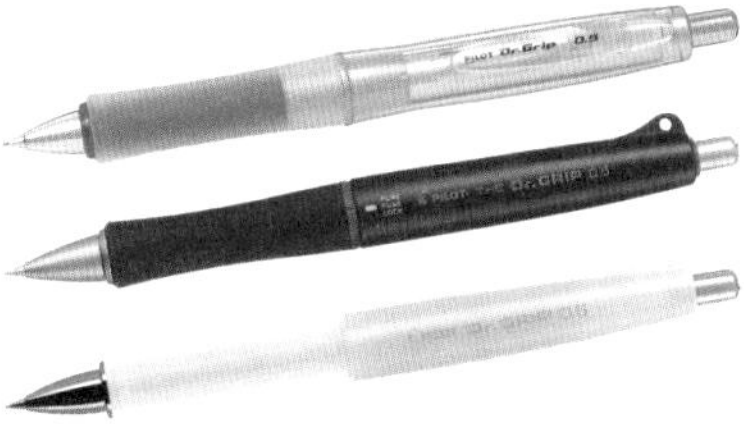

ドクターグリップ　Gスペック　Price：660円
ザ・ドクターグリップ　Price：990円
ドクターグリップクラシック　Price：550円

Product name：

ドクターグリップシリーズ

Maker：パイロット

ドクターグリップシリーズは、書くときに首や肩、腕にかかる筋肉の負担を軽減してくれる筆記具。長時間使っても疲れにくいので、勉強には最適です。わたしは中学生くらいのころからずっと愛用しています。

ドクターグリップのシャーペンはしっかりとした書き味でありながらなめらかで、すらすらと書くことができます。振って芯が出る仕組みになっているので、ペンを持ち直さなくても書きつづけられます。

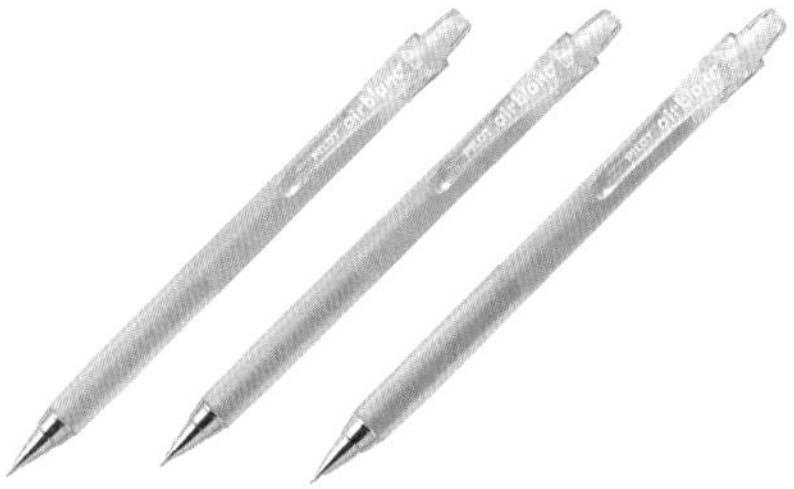

Product name：

エアブラン

Maker：パイロット　Price：220円

ボディも書き心地も軽く、さらさらと書くことができるシャーペンです。芯は0.3mmと少し細めで、細かいところにも書きやすいのが特長。ボディもスリムなので、手が小さめの人も使いやすいでしょう。

パステルカラーの色展開（全6色）がおしゃれで、見た目もかわいらしい商品。価格がリーズナブルなのもうれしいポイントです。

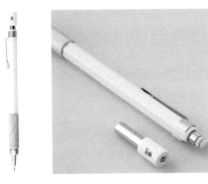

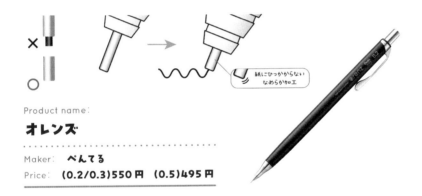

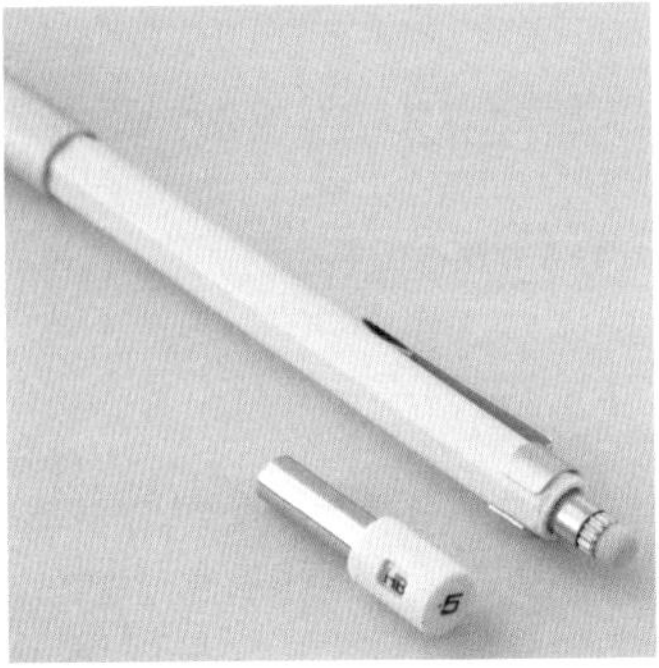

Product name:

低重心シャープペン

Maker: **無印良品**　Price: **590円**

低重心設計のシャーペン。ペン先～グリップ部分が重くなっているため、安定して書くことができます。

グリップ部分にはすべりにくいように加工が施されており、キャップ部分には芯の濃さ（HB・B・3H・2H・H・F）を表示できる窓がついています。

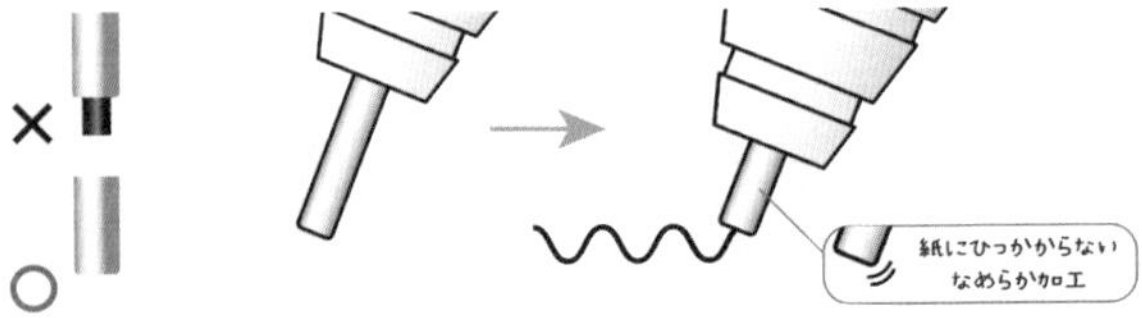

Product name:

オレンズ

Maker: **ぺんてる**
Price: **(0.2/0.3)550円　(0.5)495円**

シャーペンのよくあるお悩みといえば、芯がポキポキと折れてしまうこと。このシャーペンはなんと、「芯を出さずに書く」ことで芯が折れないように工夫されています。さらに、ペン先が芯の減りに合わせてスライドすることで、芯を守ったまま書きつづけることができるようになっています。

芯の太さは標準的な0.5mmと0.3mmに加え、精密筆記に適した0.2mmがラインナップされているのも特徴的。0.2mmは教科書や参考書の細かなスキマにも書き込むことができて便利です。

鉛筆《えんぴつ》

選び方のポイント

✔ 芯《しん》の濃《こ》さ

シャーペンと同様、自分に合った濃《こ》さのものを選びましょう。小学生なら2BかBが一般的《いっぱんてき》。マークシートの塗《ぬ》りつぶし用にはHBが指定されていることも多いです。

✔ 書きやすさ

書いたときのなめらかさや芯《しん》の柔《やわ》らか

6B	柔《やわ》らかい・濃《こ》い
5B	↑
4B	
3B	
2B	
B	
HB	
F	↓
H	硬《かた》い・薄《うす》い

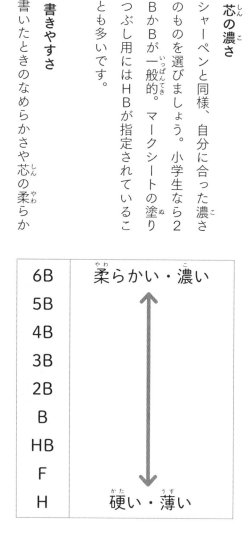

さなど、自分が書きやすいと感じるものを選びましょう。

用意するべき数

小学校で鉛筆《えんぴつ》を使う場合は、1時間の授業で1本程度と考え、5本程度の鉛筆《えんぴつ》をペンケースに入れておくのがいいでしょう。シャーペンを使える場合は、特に鉛筆《えんぴつ》を用意する必要はありませんが、予備用に1~2本入れておいてもいいでしょう。

使い方

次の日の時間割を合わせるときに、必ずすべての鉛筆《えんぴつ》を削《けず》るクセをつけておきましょう。ペンケースの中が汚《よご》れないよう、鉛筆《えんぴつ》キャップをつけるのもおすすめです。

鉛筆《えんぴつ》を握《にぎ》っていると手が痛くなってしまうという人は、持ち手につける柔《やわ》らかいグリップを購入《こうにゅう》してみるのもいいでしょう。また、正しい持ち方が身についていない人は、持ち方を矯正《きょうせい》してくれるグリップをつけてみるのもいいと思います。

鉛筆《えんぴつ》も大切な資源なので、なるべく最後まで使い切るよう心がけましょう。短くなってしまったら鉛筆《えんぴつ》ホルダーを使うのがおすすめです。

鉛筆《えんぴつ》のおすすめ商品

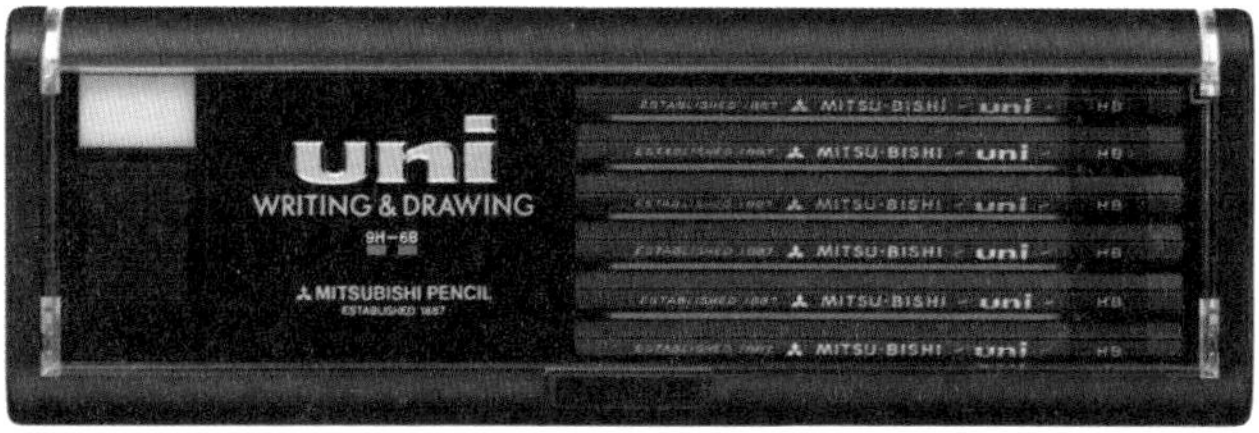

Product name:

ユニ

Maker:　**三菱鉛筆**　　Price:　**(1ダース) 1,320円**

芯の材料である黒鉛と粘土には、微粒で不純物が少なく均一なものが使用されています。さらにそれらを均一に混ぜることで、より黒く、かつ折れにくい鉛筆になっているのだとか。

ユニシリーズはほかに、ユニより少し安いユニスター、ユニより高価なハイユニなどがあります。それぞれ書き味が違うので、自分に合ったものを探してみるといいと思います。

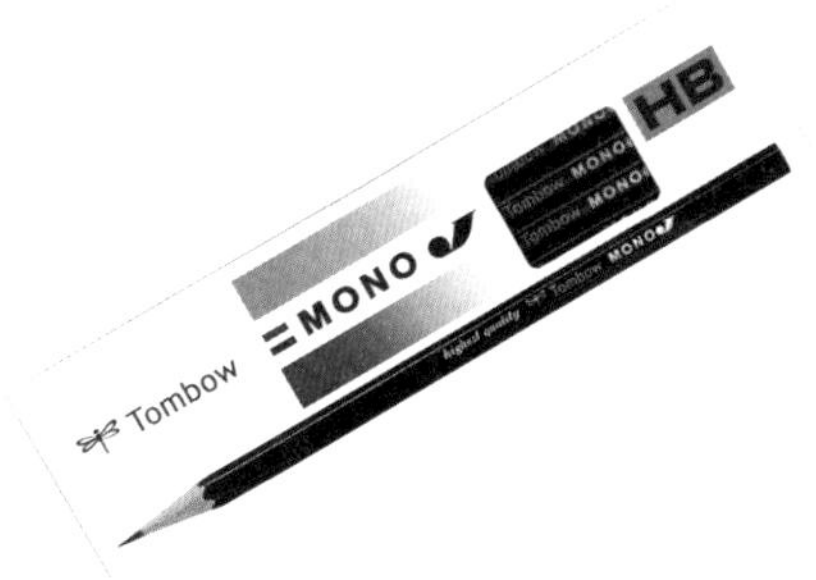

鉛筆モノは、なめらかな書き心地にこだわったシリーズ。微粒子を凝縮した高密度構造により、折れにくくしっかりとした書き味を実現しています。粉が出にくく、紙を汚しにくいのも特長です。
モノＪはシリーズのなかでも事務・学習用のベーシックモデル。濃く、細い線を安定して書くことができる鉛筆です。

Product name:
モノJ

Maker: **トンボ鉛筆**
Price: **（1ダース）792円**

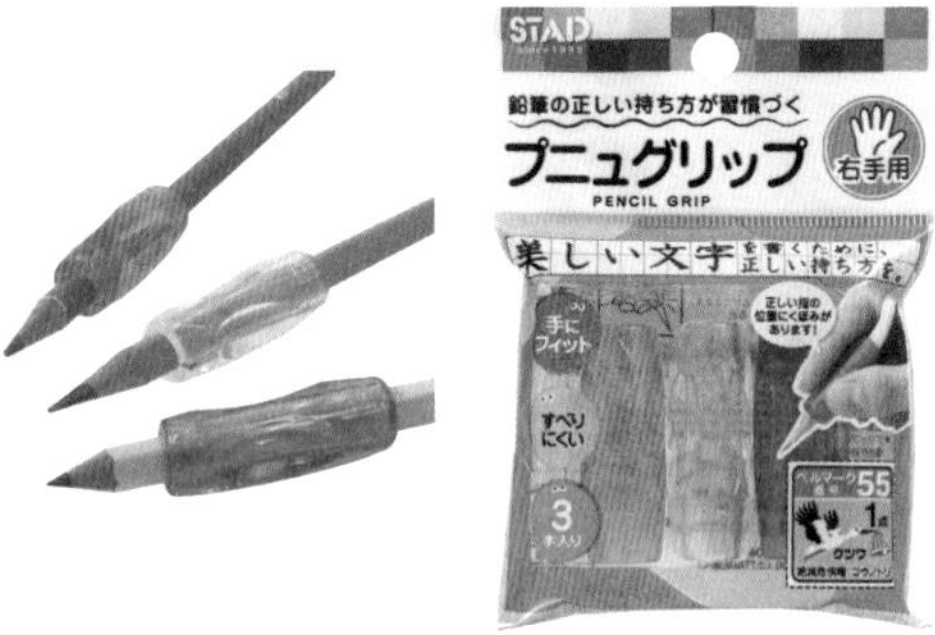

Product name:
プニュグリップ 右手用/左手用

Maker: **クツワ**　Price: **132円**

鉛筆やペンを、すべりにくく持ちやすくしてくれるグリップ。正しい指の位置にくぼみがあるので、自然に握るだけで鉛筆の正しい持ち方が習慣づきます。右手用・左手用がそれぞれ売られているので、利き手に合わせて購入することができます。

黒ボールペン

選び方のポイント

✔油性か水性か

油性ボールペンは速乾性《そっかんせい》（すぐ乾《かわ》く）・耐水性《たいすいせい》（水分に強い）に優れており、上からマーカーを重ねてもにじみにくいという特徴《とくちょう》があります。水性ボールペンは耐水性《たいすいせい》が低く、上からマーカーを重ねるとにじんでしまいますが、油性より書き味が軽くて発色がよいというメリットもあります。自分の使い方に合わせて選びましょう。

✔芯《しん》の太さ

自分の書きやすい太さを選びましょう。商品としては0.5ミリまたは0.7ミリのものが最もスタンダードといえます。細めが好きな人には0.4ミリや0.38ミリもおすすめです。

✔ **グリップの硬《かた》さ・太さ**

持ち手の硬《かた》さや太さも好みに合わせて選びましょう。

✔ **本体の重さ**

シャーペンほど商品による違《ちが》いは大きくありませんが、しっかり安定して書きたい人には重めのもの、さらさらと書きたい人には軽めのものがおすすめです。

✔ **書きやすさ（疲《つか》れにくさ）**

実際に使ってみて、「なめらかに書けるな」「書いていても疲《つか》れにくいな」と感じるものを選びましょう。

用意するべき数

ペンケースに入れておくのは1本でOK。ただし、うまく使いこなせない場合は無理して用意しなくても大丈夫です。

これはあくまで好みですが、わたしは高校生以降は授業ノートを黒ボールペンでとるようにしていました。

使い方

授業ノートをボールペンで書くメリットとして、「消しゴムや手でこすってしまったときにうっかり消えない」「濃《こ》くはっきりと書けるので、あとから読み返したときに見やすい」ということが挙げられます。

もちろんシャーペンでもいいのですが、ボールペンとシャーペンの最大の違《ちが》いは**「消しゴムで消えるかどうか」**。この違《ちが》いを踏《ふ》まえ、わたしは次ページのように使い分けをしていました。

●**ボールペン**……基本的に「消す必要がない」＝「間違《まちが》っていない」ことが前提の内容を書くときに使う

例 授業ノートに板書を写すとき、まとめノートに勉強内容をまとめるときなど

●**シャーペン**……「このあと消すかもしれない」＝「間違《まちが》っているかもしれない」ことが前提の内容を書くときに使う

例 授業ノートに自分の考えをメモするとき、宿題やテスト勉強の問題を解くときなど

ただ、ボールペンでノートをとると、間違《まちが》えたときに修正テープなどで消さなければならなくなるため、文字や文章を書くことに慣れていない人にはあまりおすすめできません。小中学生の間はすべてシャーペンに統一してもいいでしょう。

黒ボールペンのおすすめ商品

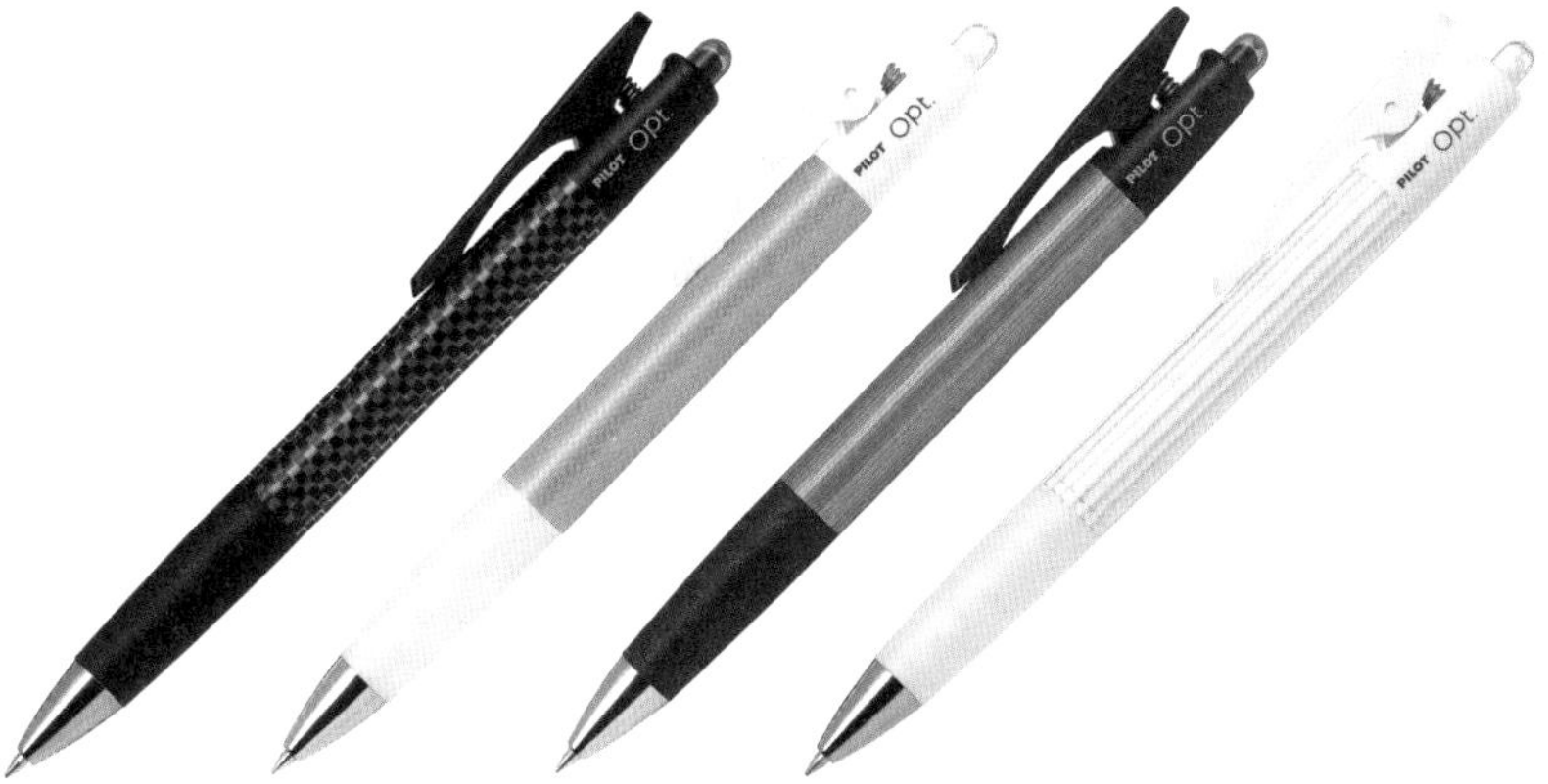

Product name:

オプト

Maker:　**パイロット**　　Price:　**220円**

ここ3～4年、わたしが最もヘビロテしているお気に入り油性ボールペンです。オプトはシャーペンの「フレフレオプト」も書きやすくておすすめですが、ボールペンもとても使い勝手がいい商品です。

ダマになりにくくすらすらと書けるだけでなく、インキ量が一般的なノック式ボールペンに比べて45%も多いため、長い期間使うことができます。フレフレオプトと同じく丈夫なクリップがついており、デザインもスタイリッシュでおしゃれです。

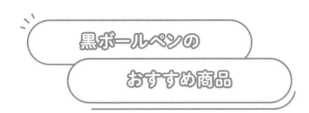

ドクターグリップも、シャーペン・ボールペン両方についておすすめできるシリーズです。シャーペンと同じく首・肩・腕の筋肉への負担を軽減するよう設計されているので、長時間書いても疲れにくいのがメリットです。

アクロインキという低粘度の油性インキが使用されており、なめらかな書き味でしっかり濃く書くことができます。

①　②

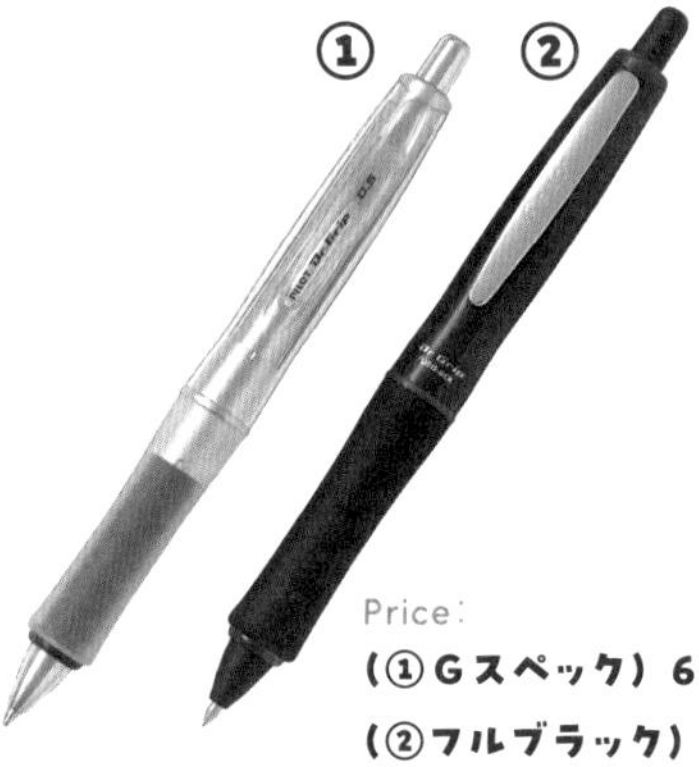

Price：
（①Gスペック）660円
（②フルブラック）880円

Product name：

ドクターグリップシリーズ

Maker：　**パイロット**

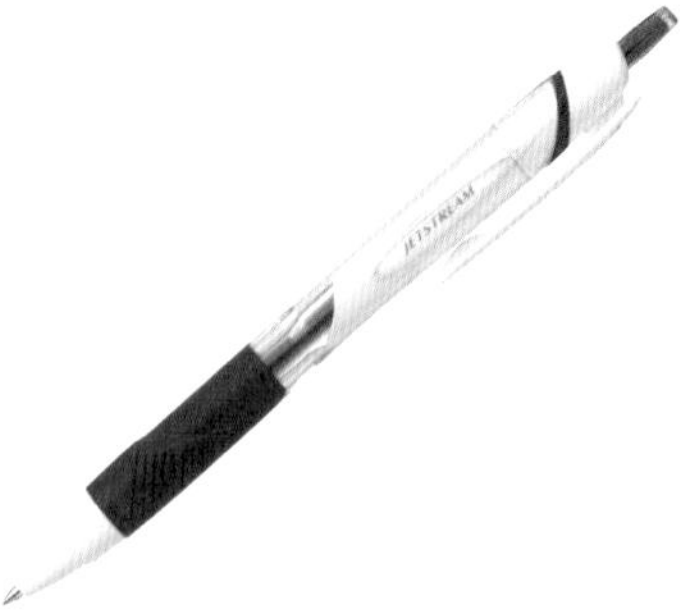

Product name：

ジェットストリームシリーズ

Maker：　**三菱鉛筆**　Price：　**165円**

「クセになる、なめらかな書き味。」というキャッチコピーのとおり、その書き味にファンの多い油性ボールペンです。

従来の油性ボールペンと比べて摩擦係数が最大50%軽減された新開発インクが使用されており、速度にかかわらず紙にひっかからず、なめらかに書くことができます。くっきりと濃い線を書くことができるうえ、速乾性にも優れているので手が汚れにくいのもうれしいポイントです。

軸材に木材が使用されており、木の温かみが感じられるやさしいデザインの油性ボールペン。使い込むほどに出てくるツヤを楽しむことができます。

ドクターグリップシリーズと同じくアクロインキが使用されており、書きやすさも抜群の商品です。

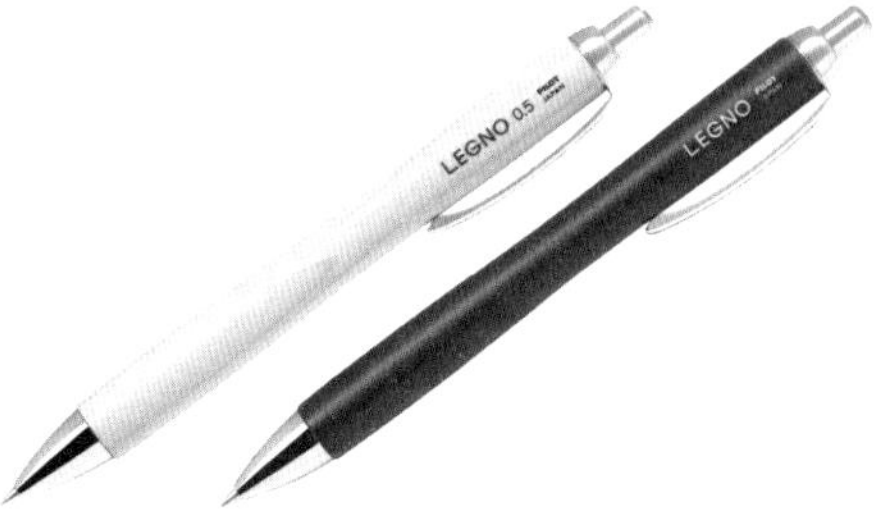

Product name:
レグノ

Maker:　**パイロット**　Price:　**2,750円**

フリクションボールノック
Price:　**253円**

フリクションポイントノックビズ
Price:　**3,300円**

Product name:
フリクションシリーズ

Maker:　**パイロット**

ラバーでこすると書いた文字が消えるフリクションペン。「授業ノートをボールペンで書きたいけど、間違えてしまったらと思うと不安……」という人にもおすすめです。

フリクションにはいろいろな種類があり、どれもおすすめですが、個人的に最も書きやすく感じたのは「フリクションポイント ノックビズ」です。ほかと比べると値は張りますが、見た目もおしゃれでモチベーションがアップします。

カラーペン（カラーボールペンまたは赤青鉛筆《えんぴつ》）

選び方のポイント

（ここではカラーボールペンや赤青鉛筆《えんぴつ》をまとめてカラーペンと呼びます）

✔ボールペンタイプか鉛筆《えんぴつ》タイプか

小学校などで指定がある場合は赤青鉛筆《えんぴつ》、指定がない場合はカラーボールペンを使う人が多いと思います。お好みで選びましょう。

✔芯《しん》の太さ

ボールペンタイプを使う場合は、自分に合った芯《しん》の太さを探しましょう。こだわりがなければ0.5ミリ、細めが好きなら0.38〜0.4ミリ、太めが好きなら0.7ミリくらいがおすすめです。

✔グリップの硬《かた》さ・太さ

握りやすい硬《かた》さ・太さのものを選びましょう。

✔書きやすさ

カラーボールペンは商品ブランドや芯《しん》の太さによってなめらかさがかなり変わってくるので、なるべく試し書きをしてから書きやすいと感じるものを買うようにしましょう。

✔カラー

のちほど詳《くわ》しく解説しますが、カラーボールペンの場合は自分の好きな色・見やすい色を2〜4色程度選びましょう。似た色ばかり買ってしまうと区別がつきづらくなるので、目で見て違《ちが》いがすぐにわかる程度には異なるカラーを選ぶのがおすすめです。

用意するべき数

赤青鉛筆《えんぴつ》であれば1本、カラーボールペンであれば2〜4色をペンケースに入れておきます。それ以上増やしてしまうと勉強効率が下がり、ノートもごちゃごちゃとしてしまうので気をつけましょう。

使い方

ノートのベースとなるのは、シャーペンや黒ボールペンといった黒色の文字。**カラーペンには、そこに別の色で文字を書くことで目立たせ、黒い文字の部分より重要であることを示したり、補足事項《じこう》を表したりする役目があります。**

カラーペンを使うときは、あらかじめ**「この色はこういうときに使う」という色分けルール**を決めておきましょう。

色分けルールの例①

- 赤ペン……特に重要なこと（暗記すべきこと）
- 青ペン……キーワードやポイント（暗記をしなくてもいいけれど、内容理解に役立つこと）
- 緑ペン……ちょっとした補足事項《じこう》

色分けルールの例②

- 赤ペン……先生の説明のうち、初めて知ったこと／特に重要なこと
- 緑ペン……先生の説明のうち、以前から知っていたこと
- 水色ペン……単語の意味
- 青ペン……その他のポイントや和訳など

ルールが定まることで、「どの色を使おうかな？」と迷う時間を短縮したり、「赤がいちばん重要なことを書いてある色だから、時間がないときはとりあえず赤い文字のところだ

け優先的に見返そう」と勉強効率をアップしたりすることができます。
決めた色分けルールは忘れないよう、はじめのうちはノートの表紙の裏《うら》や最初のページにメモしておくのもおすすめです。左ページにあるみおりんオリジナルのワークシートでも色分けルールをおしゃれに書くことができるので、ぜひ使ってみてくださいね。

また、ノートをとるのに時間がかかってしまうという人は、カラーペンで文字を書くのではなく、**黒いペンで書いた文字の下にカラーペンで線を引いて強調する**のがおすすめです。こうすればペンを持ち替《か》える回数が減るので、時短につなげることができますよ。

「先生の板書を写すとき、何色を使えばいいか迷ってしまう……」という人もいると思います。そんなときは、あらかじめ「板書の赤は赤ペンで、板書の黄色は青ペンで書く」などと決めておきましょう。先生がたくさんの色を使う場合は、「板書の青と緑はどちらも青ペンで書く」などとまとめればＯＫです。

・みおりんの色分け術ガイドワークシート・

みおりんオリジナルの色分け術ガイドワークシートをご紹介《しょうかい》します。

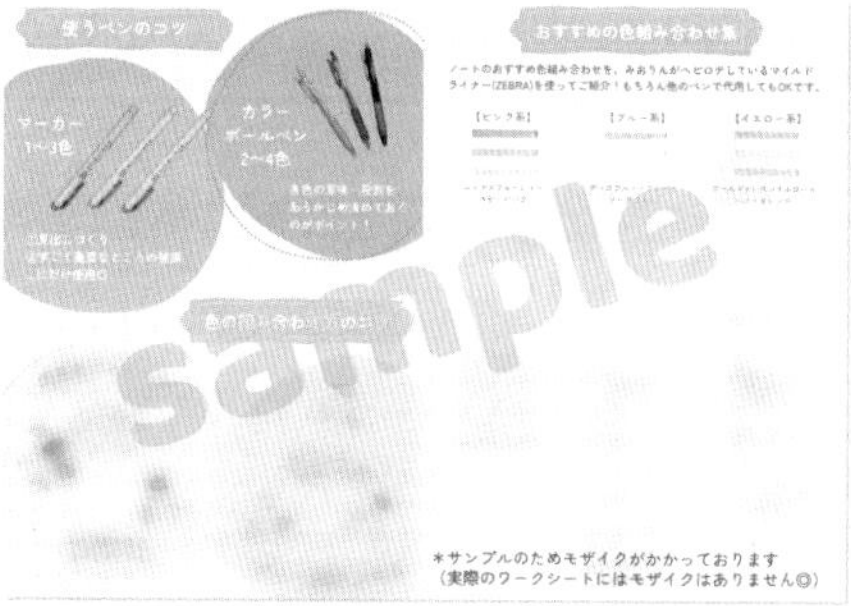
使うペンのコツ
おすすめの色組み合わせ集
sample
*サンプルのためモザイクがかかっております
(実際のワークシートにはモザイクはありません◎)

- 「色分け術のコツ＆おすすめの色組み合わせ12パターン」
- 「ノートの色分けルール表」
- 「ノートの色分けルール表」の記入例

が入ったワークシートで、購入《こうにゅう》後にダウンロードして使うことができます。


「ノートがうまく色分けできない……」

「気づくとノートがカラフルになったり、ごちゃごちゃしたりしてしまう」

「効果的な色分けのコツを知りたい！」

という方におすすめです♪

ダウンロードはこちらから！

カラーペンのおすすめ商品

用途《ようと》に合わせて
商品を選んでみ
てくださいね!

Product name:

サラサシリーズ

Maker: **ゼブラ**

サラサ

Price: **110円**

サラサクリップ

Price: **110円**

サラサナノ

0.3mmの極細でありながら、ガリガリ感なくなめらかに書けます。カラーラインナップも大人っぽくておしゃれ。

Price: **220円**

従来品より27%濃く書けるインクが採用されており、ノートを鮮やかに仕上げたい人におすすめです。

サラサR

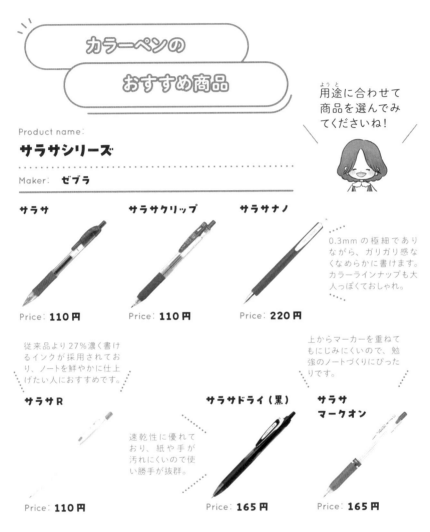

Price: **110円**

速乾性に優れており、紙や手が汚れにくいので使い勝手が抜群。

サラサドライ(黒)

Price: **165円**

上からマーカーを重ねてもにじみにくいので、勉強のノートづくりにぴったりです。

サラサマークオン

Price: **165円**

ジェルインクの特性を活かした鮮やかな発色と、さらさらの書き心地が特長の人気ボールペンシリーズ。定番の「サラサ」やクリップ付きの「サラサクリップ」は、わたしも何本使ったかわかりません。

ジュース

ジュースパステル

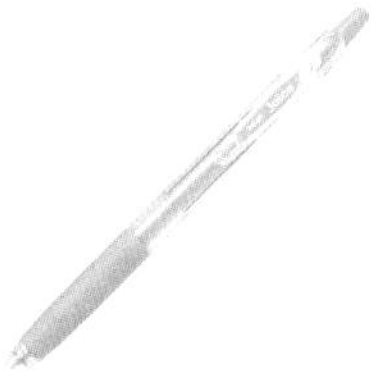

ジュースメタリック

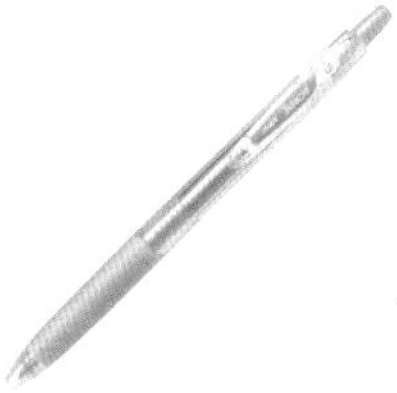

黒い紙や写真の上にも書き込める色もあります！

Product name:
ジュースシリーズ

Maker:　**パイロット**　　Price:　**110円**

カラフルで鮮やかな「ジュース」、細書きでありながらなめらかにはっきりと書ける「ジュースアップ」など、ジュースシリーズは書きやすさに定評のあるゲルインキボールペンです。
カラーバリエーションも豊富なので、自分の気に入った色を見つけることができるでしょう。

フリクションボール3スリム

Price:　**880円**

フリクションボールノック

Price:　**253円**

フリクションライト

Price:　**110円**

Product name:
フリクションシリーズ

Maker:　**パイロット**

こすると消えるフリクションシリーズのカラーボールペンもおすすめ。「間違えたところに印をつけ、解き直してみて自力で解けたら印を消す」というような勉強法にも活用できます。

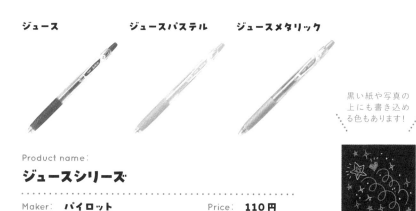

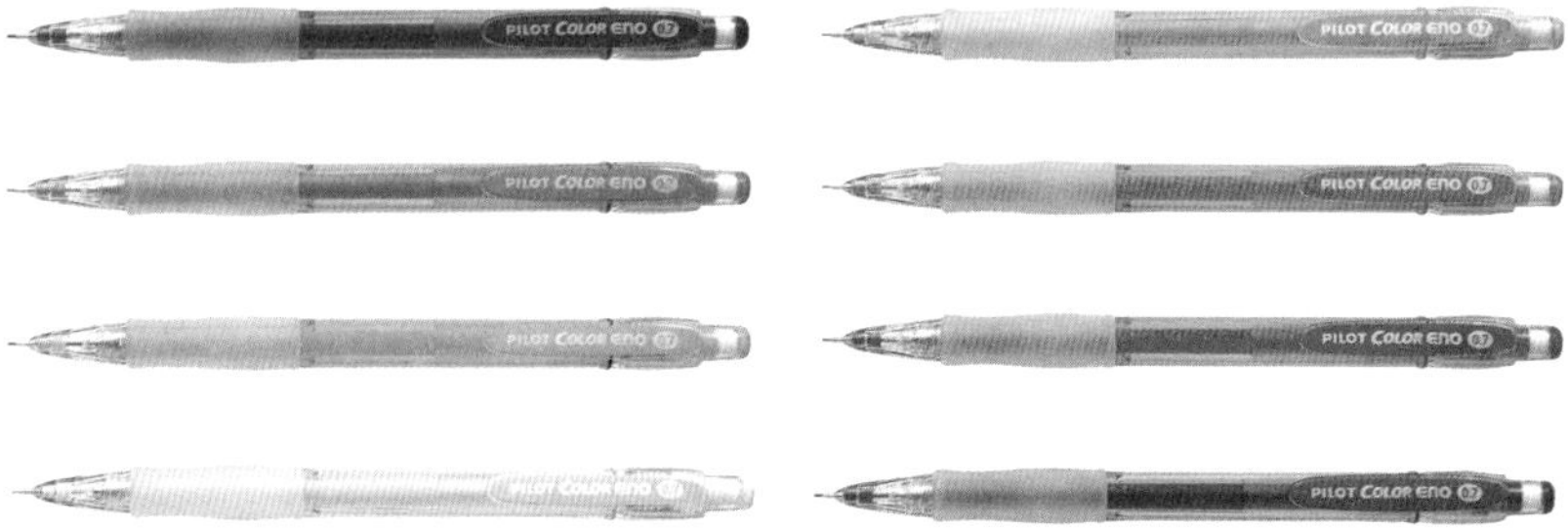

ネオックスカラーイーノ芯《しん》
Price： **220円**

Product name：

カラーイーノ

Maker： **パイロット**　　Price： **132円**

普通の黒色シャーペン感覚で鮮やかに書くことができる、全８色のカラーシャーペンです。折れにくく、消しゴムで簡単に消すことができます。芯の太さは0.7mmと、シャーペンとしてはやや太め。

マーカー・蛍光《けいこう》ペン

選び方のポイント

裏《うら》写りしないか

裏《うら》写りしやすいものだとノートには使いづらいので、「裏《うら》写りしにくい」などと書いてあるものがおすすめです。

ペン先の太さ

商品によっては太字と細字の両方がついているものもあります。使いやすそうなものを選びましょう。

✓ **カラー**

自分の好きな色・見やすい色を1～3色程度選びましょう。カラーボールペンと同様、似た色ばかり買ってしまうと区別がつきづらくなるので、目で見て違《ちが》いがすぐにわかるカラーを選ぶのがおすすめです。

用意するべき数

ペンケースに入れておくのは1～3色。カラーボールペンと同様、色の数を増やしすぎてしまうと勉強効率もノートのまとまりも悪くなってしまいます。

使い方

マーカーはペン先が太くて幅《はば》も広く、少し線を引くだけでその部分を目立たせることができる特別なペン。そんなマーカーを使っていいのは、**「ここぞというとき」**だけです。

ここぞというときがどういうときかというと、大きく2つあります。1つは、**ノートの見出しを作るとき**。ノートは「大見出し」「中見出し」「小見出し」の3つくらいの見出しをつけることで、情報をわかりやすく整理することができます。文字の上から重ねることができるマーカーは、この見出しづくりに大活躍《だいかつやく》してくれるアイテムです。

もう1つは、**すごく重要なところを目立たせるとき**です。そのページのなかで最も重要なところ（先生が「ここは特に大事だよ」と言ったところや、自分がテストで何度も間違《まちが》えてしまっているところなど）を強調するときにも、マーカーを使うことができます。

逆に、「ちょっとだけ重要なところ」「教科書で太字になっていただけで、先生が強調したわけではないところ」などは、マーカー以外の黒ペンやカラーペンで下線を引くくらいでOK。マーカーはかなり目立ってしまうので、**「迷ったら使わない」**と覚えておきましょう。

・すぐにマネできる！　見出しのデザイン例・

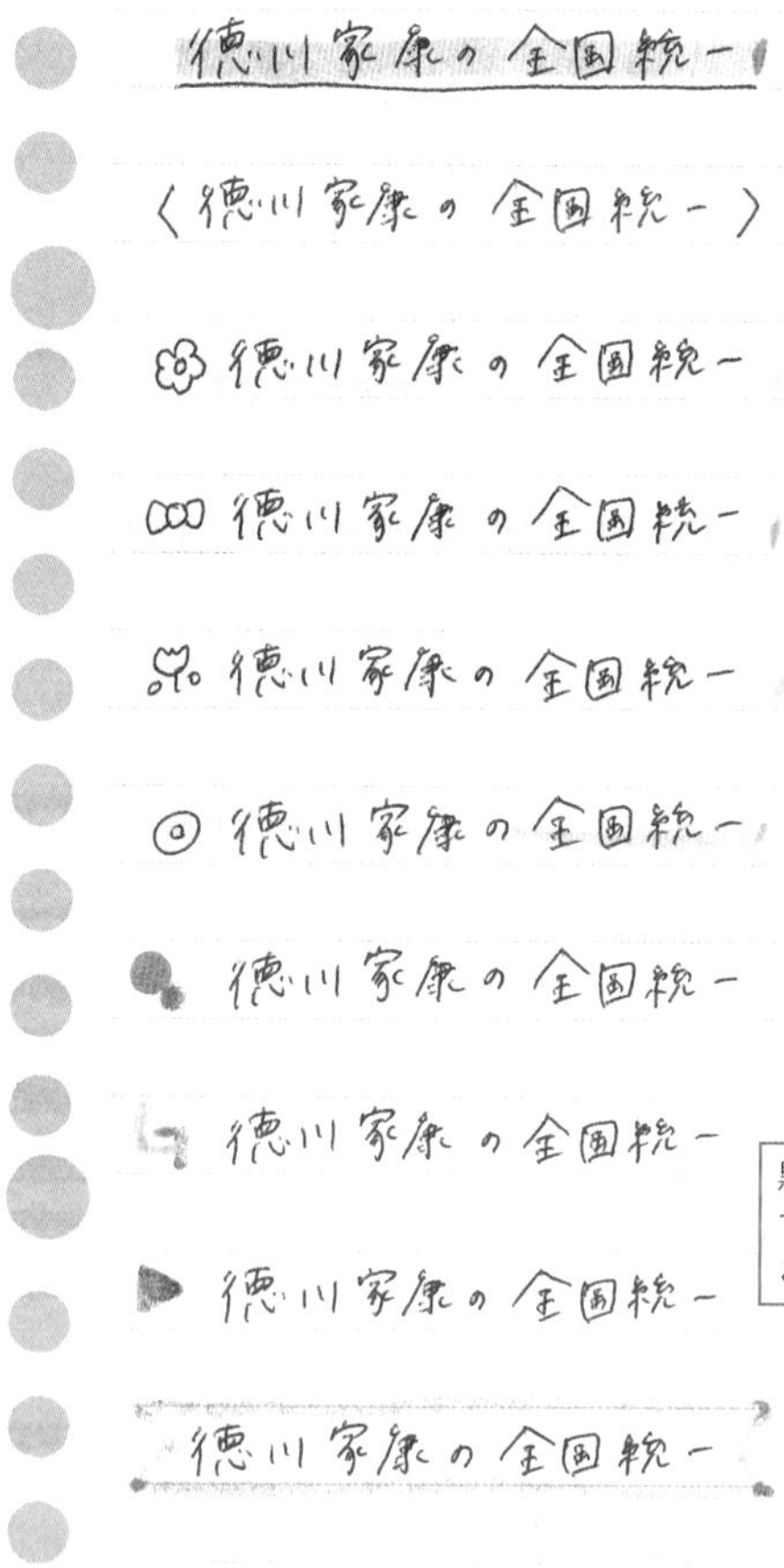

黒ボールペン＋マーカーで見やすい見出しを作ることができます

マーカーのおすすめ商品

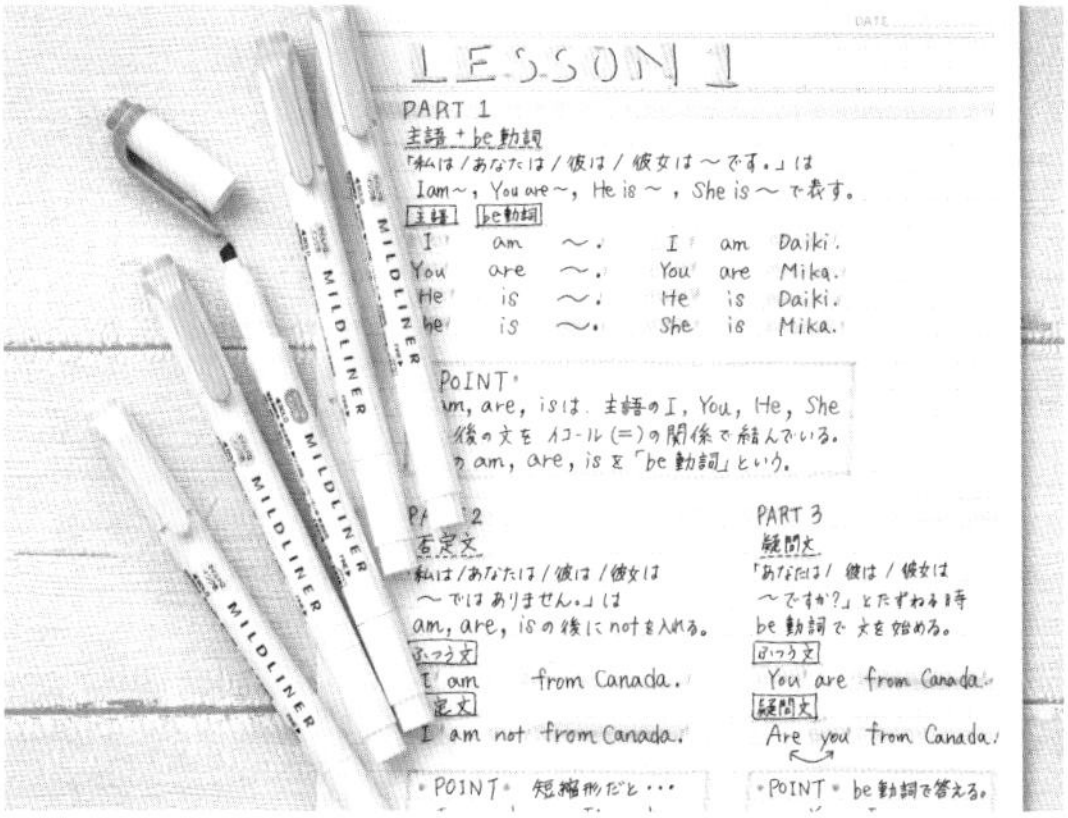

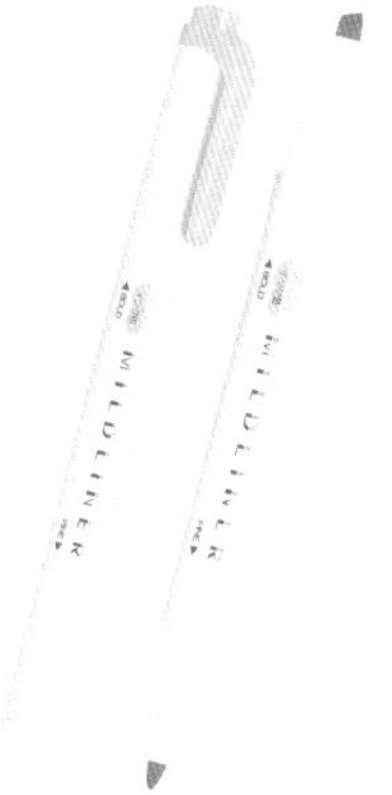

Product name:

マイルドライナー

Maker:　**ゼブラ**　　Price:　**110円**

蛍光色ではないおだやかな色合いのマーカーの先駆けとして、長く愛されている商品。トーンのそろった全35色のカラーラインナップで、複数の色を組み合わせてもまとまりのあるノートに仕上げることができます。ペン先の片方は面でマーキングすることができる太字、もう片方は文字を書くこともできる細字になっているため、場面によって使い分けができるのもうれしいポイント。

わたしは中高生のころからマイルドライナーをヘビロテしつづけています♪

Product name:

マークタスシリーズ

Maker: **コクヨ**　　Price: **187円**

1本で2役をこなせるアイディア商品。「2ウェイカラーマーカー」と「2トーンカラーマーカー」の2種類があります。

2ウェイカラーマーカー

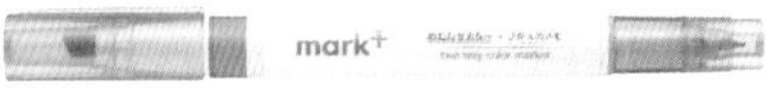

ペン先の片方がマーカー、もう片方は0.3mmの極細ペン

マーカーと極細ペンが同じ色の「カラータイプ」と、極細ペンがマーカーの色に合わせたグレー系の色になっている「グレータイプ」があり、どちらも同系色でまとまりのあるノートづくりに適しています。本来は2本のペンを持たなければならないところが1本で済むので、ペンケースの中身もすっきりさせることができます。

2トーンカラーマーカー

1つのペン先に2色のマーカーがついた特徴的なデザイン!

同系色の濃淡2色を組み合わせた「カラータイプ」と、グレー×カラーの2色を組み合わせた「グレータイプ」があり、カラータイプは明度差、グレータイプは彩度差で情報に強弱をつけることができます。くるっと回すだけで色分けができるので、ペンを持ち替える手間がかからず、勉強の効率をぐっと上げてくれます。

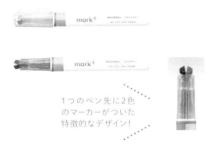

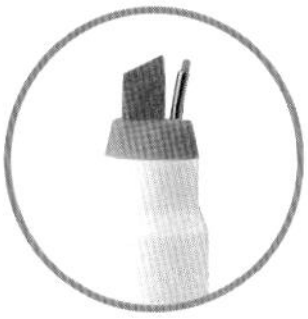

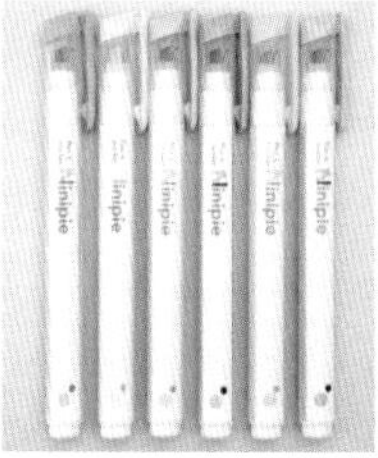

Product name:

ニニピー

Maker: **サンスター文具** Price: **220円**

1つのペン先にマーカーとニードルペン（極細ペン）がついた商品。くるっと回転させることにより、ペンを持ち替えずに使い分けることができます。ニードルペンに絶妙な角度がついているため、同時に2種類の色が紙についてしまうということもありません。
カラーも豊富で、見た目もかわいらしいデザインです。

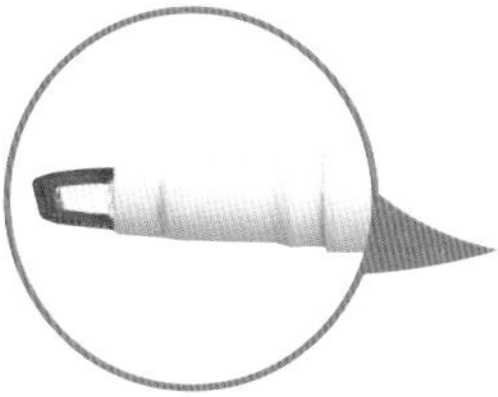

定番の蛍光色

ベーシックカラー

Price: **550円**

大人っぽい
おしゃれな色

スモークカラー

Price: **550円**

ペン先に窓がついていることで、はみ出さずにマーキングすることができるというアイディア商品です。窓から文字が見えるため、チェックしたいところだけきれいに塗ることができます。

かわいらしい
パステル調

ライトカラー

Price: **550円**

教科書のような
ツヤのある紙にも◎

クイックドライ

Price: **715円**

Product name:

プロパス・ウインドウシリーズ

Maker: **三菱鉛筆**

消しゴム

選び方のポイント

✔消えやすいか

消えにくい消しゴムを使っていると、無意識のうちに勉強が面倒《めんどう》くさくなり、やる気が下がってしまうこともあります。必ずよく消えるものを使うようにしましょう。

✔消しかすが出にくいか（まとまるか）

消しかすがあまりに散らばってしまうものだと、勉強したあとの片づけが大変になったり、リビング学習がしづらくなったりしてしまいます。なるべく消しかすがまとまるタイプを選ぶのがおすすめです。

✓折れにくいか

力を入れたときに簡単に折れてしまう消しゴムだと、長く使うことが難しくなってしまいます。実際に使ってみて、本体が折れにくいものを使いつづけるようにしてください。

✓大きさ

小さすぎると広範囲《こうはんい》を消すときに大変なので、普段《ふだん》はある程度大きいものを使うようにしましょう。

一方、マークシートを訂正《ていせい》するときなど、狭《せま》い範囲《はんい》を消すときにはスリムなものを選ぶのがおすすめです。

✓本体のカラー

消しゴムにはさまざまな色の商品があります。一般的《いっぱんてき》な白い消しゴムでももちろんOKですが、黒いものだと汚《よご》れが目立ちにくいというメリットもあります。好みに合わせて選びましょう。

用意するべき数

ペンケースに入れておくのは1個でOK。ただし、テストや模試、入試などの日は、試験中に落としてしまったときのことを考えて2つ用意しておくと安心です。

使い方

消しゴムで文字を消すときは、すみずみまでしっかりと力を入れてこするようにしましょう。消し方がいいかげんだと、書いた文字がうっすら見えてしまったり、一部が残ってしまったりして、その後の計算ミスなどの原因になってしまいます。また、マークシートの場合は、きれいに消せないと正しく読み取られないこともあります。

消しゴムはこまめに汚《よご》れを落としてからペンケースにしまうクセをつけておくと、ペンケースの中をきれいに保つことができますよ。

消しゴムのおすすめ商品

わたしは学生時代、圧倒《あっとう》的なまとまりやすさが特長の「モノ ダストキャッチ」を特に気に入って使っていました。

モノ消しゴム

Price：**77～396円**
（サイズにより異なります）

モノダストキャッチ

Price：**132円**

モノエアタッチ

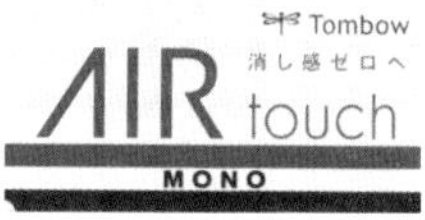

Price：**132円**

モノゼロ

Price：**440円**

Product name：
モノシリーズ

Maker：**トンボ鉛筆**

消しゴムの大定番・モノ。ラインナップが豊富で使いやすい商品ばかりです。軽い消し心地の「モノエアタッチ」や、ピンポイント消しができてマークシートにも使いやすい「モノゼロ」などもおすすめです。

マーク部分だけ消したいときにぴったり！

Product name：
マークシート消しゴム

Maker：**ぺんてる**　Price：**132円**

薄さ4.5mmのとてもスリムな消しゴム。ピンポイント消しができるので、マークシートで問題を解くときにおすすめです。消し心地もさらっとしており、しっかりと消すことができます。

エアイン

Price: **77円**

試験用消しゴム

Price: **2個154円**

ダブルエアイン

Price: **77円**

Product name:

エアインシリーズ

Maker: **プラス**

わたしが高校時代くらいから長年愛用している消しゴム。消しゴム粒子が黒鉛粒子を包み込んで、鉛筆やシャーペンの筆跡をきれいに消してくれます。よく消えるだけでなく、力をかけても折れにくいのがわたしのお気に入りポイントです。

ラインナップも豊富で、文字なしケース（入試ではケースに文字が入っていると外すように言われることがあります）にすべりにくい穴が施された「試験用消しゴム」や、より軽いタッチで消せて４色の色展開が楽しめる「ダブルエアイン」など、ニーズや好みに合わせて商品を選ぶことができます。

こちらもエアインシリーズの一つです。

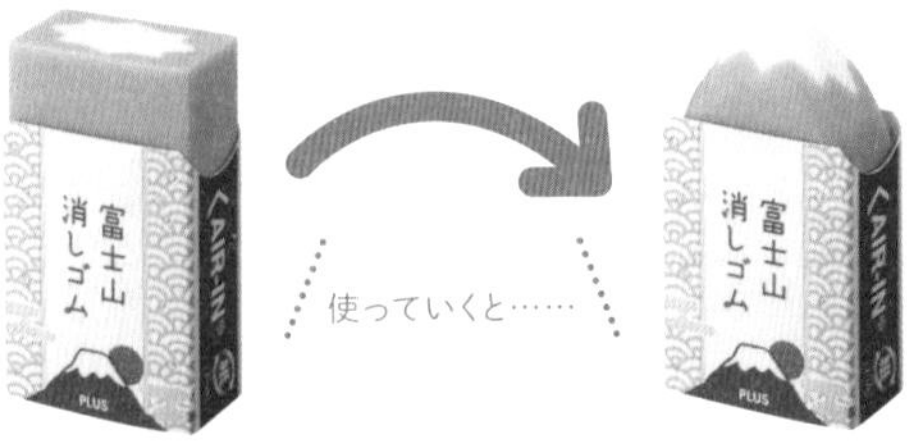

Product name:

エアイン 富士山消しゴム

Maker: **プラス**　Price: **220円**

左右前後にバランスよく消していくと自分だけの富士山が現れるという、遊び心たっぷりの消しゴムです。消すたびに形が変わっていくので、消すこと自体が楽しくなります。間違えることに対するハードルが下がるので、勉強のモチベーションアップにもつながります。

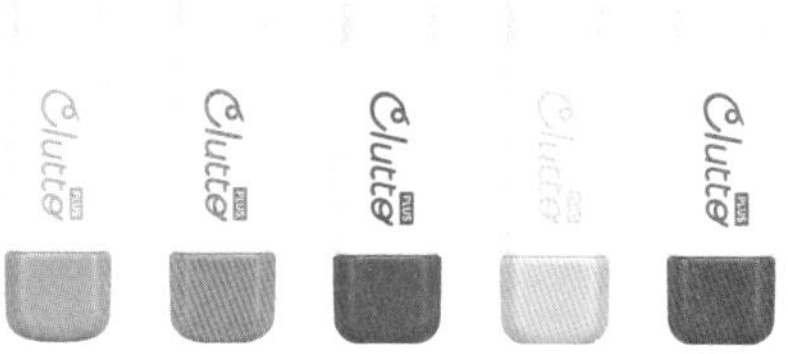

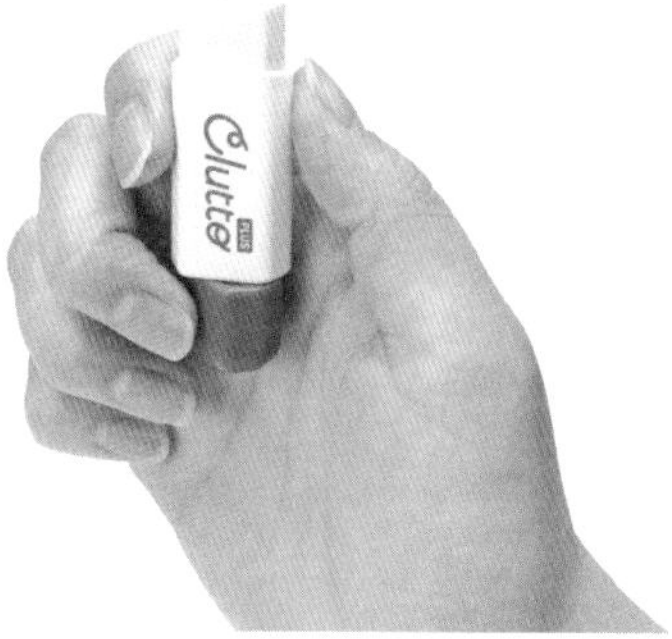

Product name：

Clutto（くるっと）

Maker：**プラス**　Price：**165円**

繰り出し式の専用ケースに入っており、使い切るまで握りやすさが保たれる便利な消しゴムです。消しゴムが小さくなってもケースを切る必要がなく、最後まで同じ握り心地で使うことができます。

中身は詰め替え式で何度も使えるのでとてもエコ。見た目もコンパクトでかわいらしいデザインです。

磁力で消しクズをキャッチ！

Product name：

マ磁《ジ》ケシ

Maker：**クツワ**　Price：**550円**

消しクズを磁石の力で集めることができるというアイディア商品。消しゴムに鉄粉が入っているため、ケースに内蔵されたネオジム磁石で消しクズを回収することができるのです。

消しクズが集まるところが不思議でおもしろく、勉強後の片づけまで楽しくなる消しゴムです。

修正テープ

選び方のポイント

テープの幅《はば》

自分が使っているノートの罫線《けいせん》の幅《はば》に合わせて選びましょう。罫線《けいせん》よりも少し細いものを使うと、罫線《けいせん》まで消してしまうことがありません。A罫《けい》（7ミリ幅《はば》）を使っている人には太めのテープ、B罫《けい》（6ミリ幅《はば》）を使っている人には細めのテープがおすすめです（ノートの罫線《けいせん》については第2章も参考にしてくださいね）。

テープの色味

最近では真っ白のテープだけでなく、ノートの紙の色に合わせた色味のテープも出ています。ノートの紙色に合わせると修正部分が目立ちにくくなるのでおすすめです。

✔大きさ

本体が大きすぎると持ち運びに不便なので、ペンケースの中で場所をとらないサイズのものがいいでしょう。

✔使いやすさ

修正テープは、商品によってはテープが全然出てこなかったり、逆に出すぎてヨレてしまったりするものも。実際に使ってみて、いちばん使いやすいと感じるものを使いつづけるようにしましょう。

用意するべき数

修正テープは1つあればＯＫ。詰め替《か》え用のテープはペンケースには入れず、机の中などにしまっておきましょう。

なお、ボールペンやマーカーを使わない（消しゴムで消せるものしか使わない）場合は、修正テープを用意する必要はありません。

使い方

消したいところをしっかりと消すようにしましょう。文字の一部が残ってしまうと、あとあと計算ミスの原因になったり、ノートが見づらくなったりしてしまいます。

修正テープのおすすめ商品

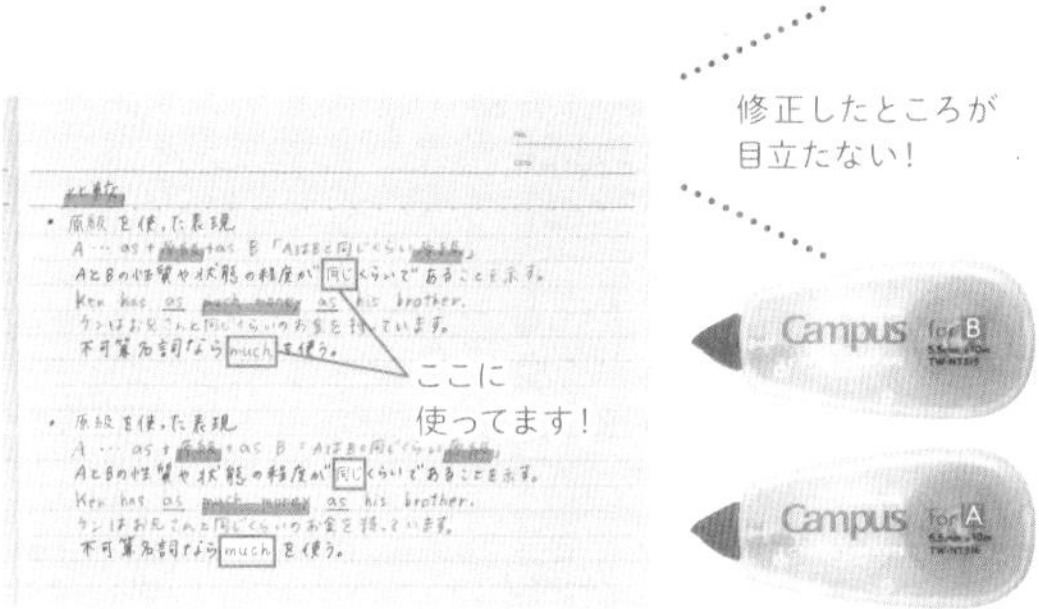

Product name:

キャンパス

ノートのための修正テープ(使い切りタイプ)

Maker: **コクヨ**　Price: **(6m)253円 (10m)308円**

ノートの紙の色に合わせたテープ色になっており、修正したところが目立ちにくい修正テープです。紙の色はキャンパスノートをベースとしていますが、その他のノートでも色が近ければ目立たせずに修正ができます。

ノートの罫線に合わせて「A 罫用」(7 mm 幅のノートのために 6.5mm 幅になっている)と「B 罫用」(6 mm 幅のノートのために 5.5mm 幅になっている)から選ぶことができます。テープのキレもよく、しっかり定着するので使い勝手のよい商品です。つめ替えタイプもあります。

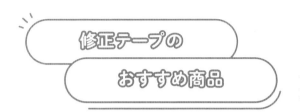

モノ消しゴムのような
見た目がかわいい！

Product name：
モノポケット

Maker：**トンボ鉛筆**　Price：**242円**

四角いフォルムの修正テープ。コンパクトなのでペンケースに入れて持ち運びがしやすく、フルカバーキャップがついているため中にゴミが入ってしまうこともありません。

ヘッド部分が透明なので、消したい箇所がはっきり見えるのも特長の一つ。テープのすべりもよく、狙ったところをきれいに消すことができます。


押しても引いても消せる！

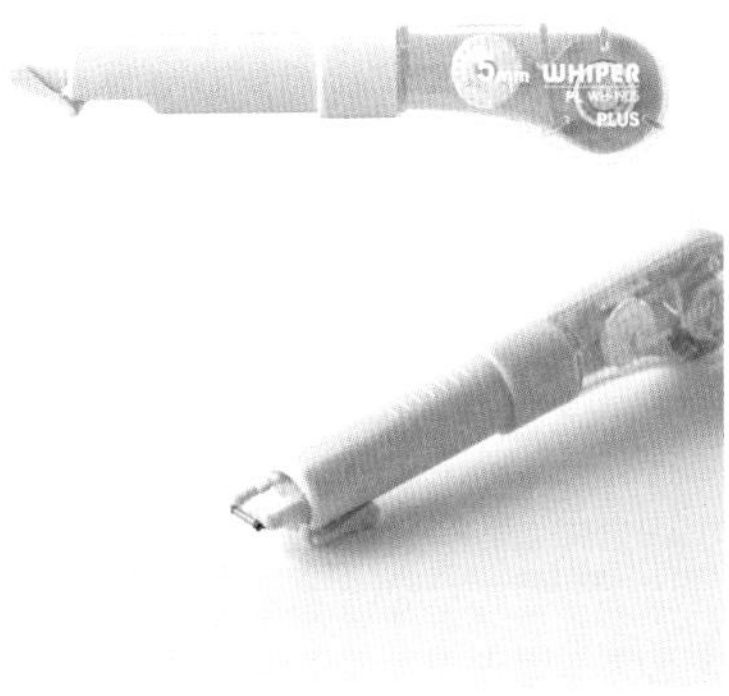

Product name：
ホワイパー PL

Maker：**プラス**　Price：**253円**

スリムなペン型修正テープ。グリップ部分が安定しているので握りやすく、ヘッドの部分が絶妙にしなるので紙にテープをしっかり密着させることができます。

白色層が薄い「薄さらテープ」が採用されており、テープの上から文字を書き直すときもなめらかな書き心地。左から右に向かって引く通常の使い方に加え、くるっとひっくり返して右から左に押すことで、消したい部分をピンポイントで消すことも可能です。

定規

選び方のポイント

✔測れる長さ

学校の指定がなければ、15~18センチの一般的《いっぱんてき》なサイズのものを選ぶといいでしょう。ペンケースに入るかどうかも確認《かくにん》が必要です。

✔幅《はば》

コンパクトさやスタイリッシュさを求める人には、幅《はば》の狭《せま》いものがおすすめです。

✔透明《とうめい》かどうか

本体が透明《とうめい》になっているタイプなら、ノートの罫線《けいせん》や図を透《す》かして見ることができるので、線を引いたり図をかいたりしやすくなります。

✔ **角が丸いか直角か**

丸いほうが安全ではありますが、正方形や長方形、グラフなどをかくときに便利な直角タイプもおすすめです。

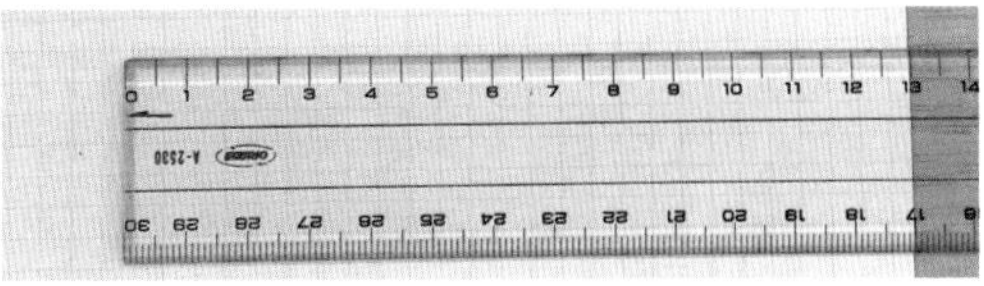

用意するべき数

定規は1つあればOKです。

使い方

定規を使うのは、**フリーハンドではかけない（あるいはかくべきではない）図表をかいたり、まっすぐな線を引いたりする必要があるとき**です。教科書にちょっとしたアンダーラインを引くときなどは無理に定規を使わなくてもかまいません。

定規の
おすすめ商品

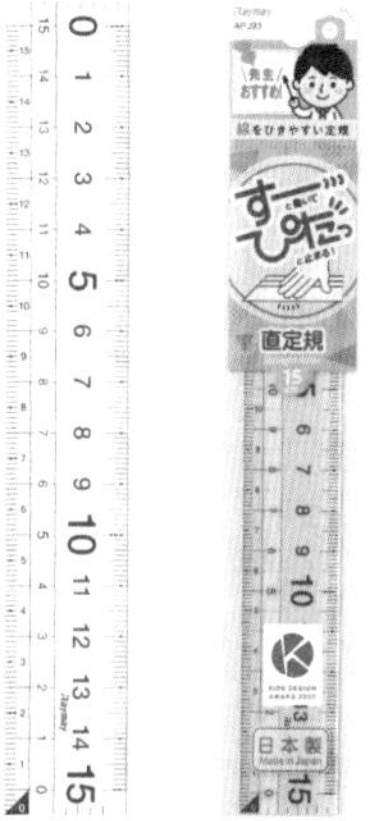

学校の先生と共同開発した定規。目盛りが見やすいようにデザインされていたり、5cmごとの数字が大きく印字されていたり、握力の弱い子でも押さえやすいようにすべり止めがついていたりと、使いやすさにこだわり抜かれた商品です。
片方は鉛筆を当てやすく線が引きやすい「はし空きメモリ」、もう片方は0はじまりで高さや深さも測りやすい「はし0メモリ」となっており、場面に合わせて使い分けられます。角が直角で、方眼も印刷されているので、線を引いたり正方形や長方形をかいたりするときにもとても便利です。

Product name:
先生おすすめ直定規(15cm・18cm・30cm)

Maker: **レイメイ藤井** Price: **90～275円(サイズにより異なります)**

こちらも片方が0はじまりの目盛りになっており、高さや深さが測りやすい定規です。くすみカラーとマット加工がおしゃれな印象で、子どもから大人まで使えるデザインです。
裏面にすべり止めがついており、ずれずにしっかりと位置を合わせることができます。

Product name:
Kept はし0定規

Maker: **レイメイ藤井** Price: **242円**

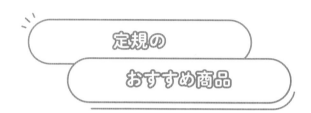

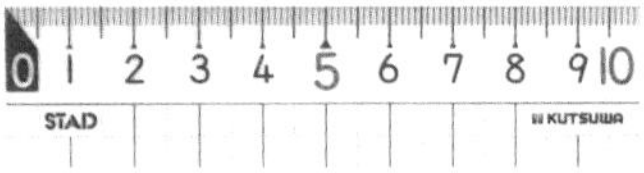

Product name:

算数定規

Maker: **クツワ**　Price: **110円**

教科書やノートの上で動かしやすい、10センチの小さめサイズ。目盛りが定規の端から始まるので、高さや深さも測りやすい定規です。教科書で使われている読みやすい数字が使用されています。

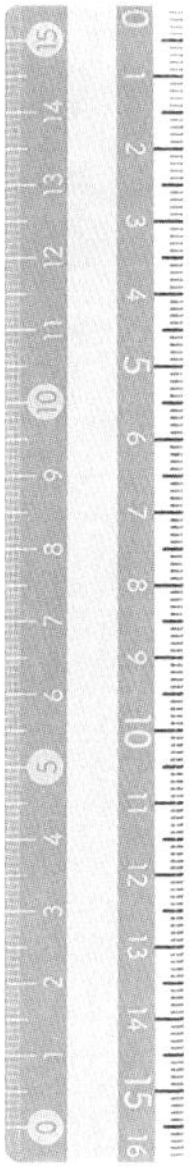

Product name:

モジサシ定規（16センチ）

Maker: **クツワ**　Price: **220円**

表は普通の定規、裏は読みたい文章だけをマーキングできるリーディングマーカーになっている2way商品。リーディングマーカー機能を使うと左右の行が隠れるため、1行1行飛ばすことなく集中して読むことができます。

サブ文房具の選び方と使い方

ここからは、机に置いておいたり、お道具箱に入れておいたりして使うべきサブ文房具の選び方と使い方をご紹介《しょうかい》します。

①ふせん
②ハサミ
③のり
④ホチキス
⑤下敷《じ》き
⑥学習タイマー

の6ついて、

✔選び方のポイント
✔使い方
✔おすすめ商品

をご紹介《しょうかい》するので、ぜひ参考にしてくださいね。

ふせん

選び方のポイント

✔形状と大きさ

用途《ようと》に合わせて形や大きさを選びましょう。たとえば、単語帳の覚えていない単語に印をつけたいなら細長いふせん、やることを書き出すのに使いたいならToDoリストが印刷されているふせんを選ぶといった具合です。

✔素材

紙のふせんはシャーペンや鉛筆《えんぴつ》でも書き込《こ》むことができるのがメリットですが、折れたり汚《よご》れたりしやすいのがデメリットです。一方、フィルムのふせんは折れたり汚《よご》れたりしにくいのがメリットですが、シャーペンや鉛筆《えんぴつ》では書き込《こ》めないのがデメリットといえます。

ほかに、トレーシングペーパーのように透《す》かして下の図を書き写せるグラシン紙のふせんも人気です。用途《ようと》に合わせて選びましょう。

✔持ち運びやすさ

日常使いするふせんは、なるべく持ち運びがしやすいものを選ぶのがおすすめ。ペンケースの中で散らばらないようにあらかじめケースに入っているものや、カード型になっているもの、スティック型になっているものなども便利です。

✔粘着力《ねんちゃくりょく》

粘着力《ねんちゃくりょく》が弱すぎるものは、いつの間にか取れてしまって、あとで見返そうと思っていたところがわからなくなるということにもなりかねません。ある程度しっかりと粘着《ねんちゃく》するものがおすすめです。ただし、粘着力《ねんちゃくりょく》があまりに強すぎるとのりが残ってしまうことがあるので、実際に使ってみて判断するといいでしょう。

使い方

ふせんにはさまざまな用途《ようと》がありますが、ここでは代表的な使い方を8つご紹介《しょうかい》します。

①あとで読み返したいところに印をつける（ブックマーク）

最もシンプルなのが、**あとから見返したいページや気になったページに貼《は》っておくブックマーク的な使い方**です。ページの端《はし》を折るとクセがついてしまいますが、ふせんならチェックしたあとに剥《は》がせば元通りになります。

②テスト範《はん》囲《い》や今日やる範《はん》囲《い》をチェックする

わたしは学校の定期テストの範《はん》囲《い》が発表されると、**教科書やワークを開き、テスト範《はん》囲《い》の開始ページと終了ページにふせんを貼《は》る**ようにしていました。こうすることで、毎回範《はん》囲《い》表やメモを見なくてもどこが範《はん》囲《い》なのかわかるし、**ふせんとふせんに挟《はさ》まれたページ数がテストまでに勉強しなければならない量**なのだと、ボリュームを直感的につかむこともできました。

また、テスト範《はん》囲《い》だけでなく、「今日はこのページからこのページまでやる」と決めてふせんを貼《は》るのもいいでしょう。

③図やイラストを書き写す

ノートはビジュアルを充実《じゅうじつ》させるとわかりやすくなるもの。教科書や参考書のコピーを貼《は》ったり、自分でイラストをかいたりするのもおすすめですが、**コピーをするほどでもないものや、かといって自分の手ではかけないぞという場合には、半透明《とうめい》ふせん（グラシン紙のふせん）を使うのがおすすめです。**

半透明《とうめい》ふせんはトレーシングペーパーのようにして下のページを透《す》かすことができるので、教科書や参考書のちょっとした図を写し取ることができます。1つ持っているとかなり重宝するアイテムです（詳《くわ》しくは第2章135ページでも紹介《しょうかい》しています）。

④壁《かべ》ペタ暗記に使う

「壁《かべ》ペタ暗記法」は、覚えたいことを少し大きめの紙ふせんに書いて、部屋の壁《かべ》に貼《は》っておく方法です。机の周りやトイレなど、普段《ふだん》目にするところの壁《かべ》に貼《は》っておくことで、勉強モードに入らなくても自然と暗記を進めることができます。

壁《かべ》に直接貼《は》る場合は簡単に剥《は》がれないよう、**少し粘着力《ねんちゃくりょく》の強いふせん**を使うのがおすすめ。もしくは大きめの紙をあらかじめ壁《かべ》に貼《は》っておき、その紙の上に貼《は》っていくのでもいいでしょう。

⑤ふせんノートを作る

ふせんを使ってノートを作ることもできます。覚えたいことを紙ふせんに書き、ノートに貼《は》っていきます。

内容によって色分けしたり、あとから配置を変えたりできるのがメリットです。

⑥疑問点を書いておく

授業中にわからなかったことをメモしておくのにもふせんは適しています。授業が終わったら、先生に質問したり参考書で調べたりして疑問を解決しましょう。解決した疑問メモのふせんは処分するか、解決ふせん専用のページを作って貼《は》っていくと達成感につながります。

⑦問題を作って答えやヒントを隠す

授業ノートやまとめノートなどに**ちょっとした問題**を入れておくと、あとから読み返したときに気軽にアウトプットができて内容を理解しやすくなります。ふせんの表に問題を書いて裏《うら》に答えを書いておいたり、ノートにヒントを書いてふせんで隠《かく》したりするといいでしょう。

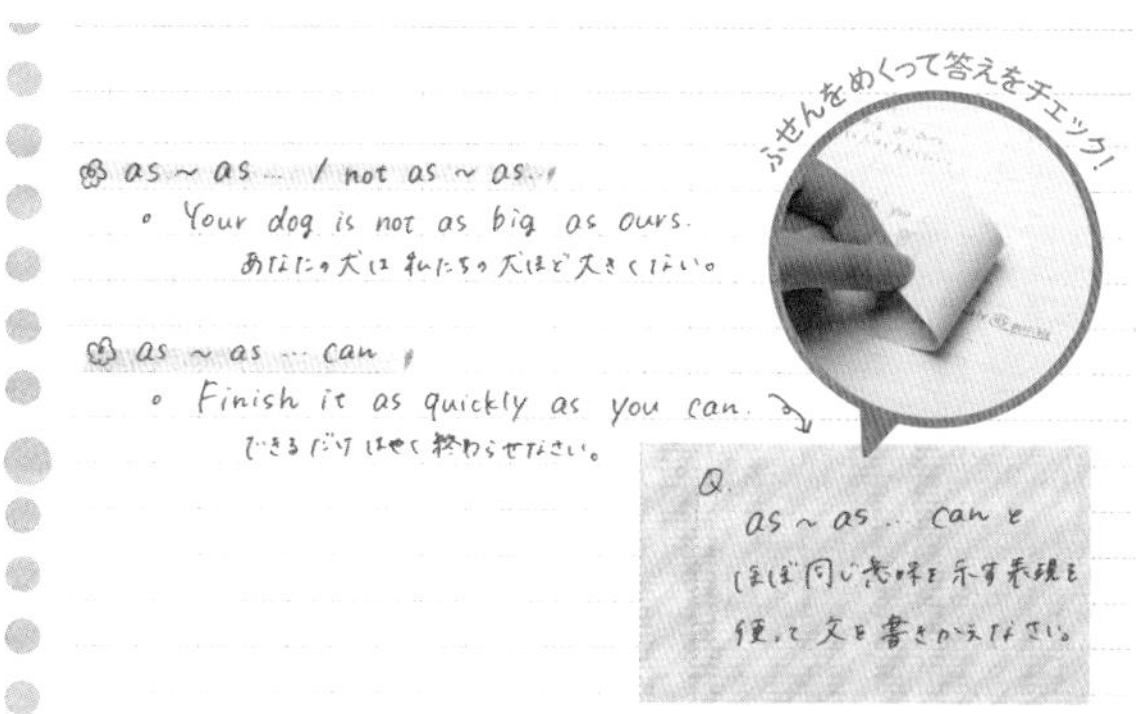

⑧ノートをちょい足しする

ノートを書いていて、「あとちょっとでこのページにおさまるのにな……」というとき、ありますよね。基本的にはノートは余裕《よゆう》をもって使ってほしいので、はみ出しそうなときには無理に押し込《こ》まずに新しいページに書いてほしいのですが、本当にあと少しというときにはふせんで**「ちょい足し」**をするのも手です。

ノートの下か横の部分にふせんを貼《は》り、はみ出した部分は折り込《こ》んで内側にしまえるようにしておきましょう。

ふせんのおすすめ商品

ココフセン

Price: **451円**

ココフセンカード

手帳のポケットやお財布に収納しても◎

Price: **594円**

ココフセンページ

しおりのように本や参考書に挟める

Price: **297円**

Product name:

ココフセンシリーズ

Maker: **カンミ堂**

本や手帳にケースごと貼って使うことができる、おしゃれなフィルムふせんです。表面に特殊な処理が施されているため、フィルム製でありながら油性ペンや油性ボールペンだけでなく、鉛筆でも書き込むことができます。ふせんは上下に互い違いに入っており、1枚取り出すと自然に次の1枚が出てくるようになっています。
さまざまな大きさや形、色柄があり、用途に合わせて楽しく選ぶことができる商品。

色と色の間に合紙が挟まれており、好きな色から使ってもばらけないようになっている便利なふせん。科目や重要度によって色分けをしたいときなどにおすすめです。

いろいろな大きさがラインナップされているので、ノートや自分の文字の大きさに合わせて選んでふせんノートづくりに活用するのもいいでしょう。

Product name:

好きな色から使えるふせん

Maker: **クラスタージャパン**　Price: **253～330円**

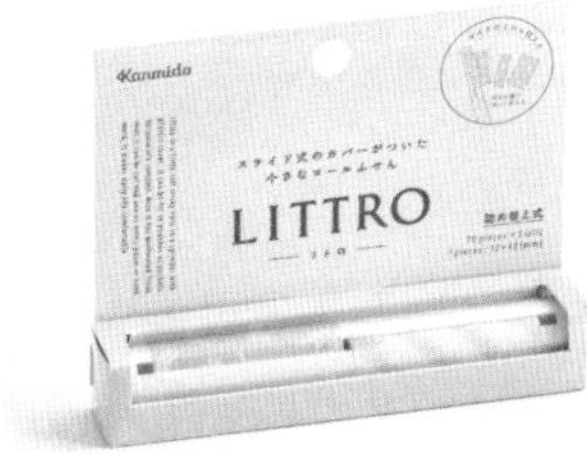

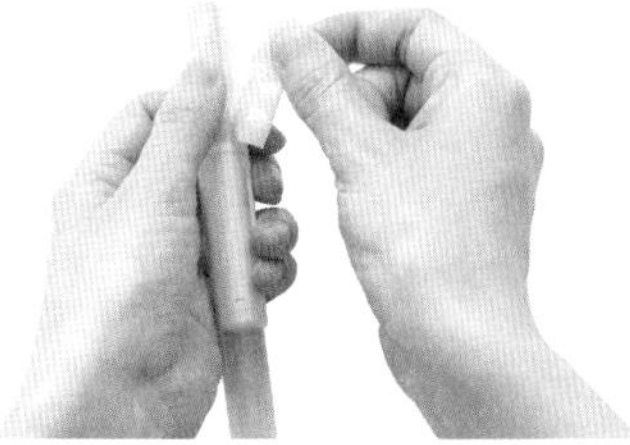

Product name:

リトロ

Maker: **カンミ堂**　Price: **748円**

スライド式のカバーがついた、おしゃれでコンパクトなロールふせんです。ココフセンと同じく、油性ペン・油性ボールペン・鉛筆で書き込みができるフィルムふせんとなっています。

等間隔に切れるマイクロミシン目がついており、必要なぶんだけ引き出してきれいにちぎることができます。色柄もとてもおしゃれで、ペンケースに1本あったら思わず気分が上がってしまうアイテムです。

A 罫線《けいせん》用

B 罫線《けいせん》用

Product name:

キャンパス

まとめがはかどるノートふせん

Maker: **コクヨ**　　Price: **352 ~ 396 円**

キャンパスノートと同じ罫線が印刷されていて、「ノートがあと数行足りない……」というときに、ノートを「ちょい足し」できるふせんです。ノートの下に貼るボトムタイプと、ノートの横に貼るサイドタイプから選ぶことができます（両方に使える両用タイプ（方眼罫）もあります）。

ふせんの端にはミシン目がついているので、ノートの内側に折り返すことですっきり収納することができます。

ハサミ

選び方のポイント

✔切れ味のよさ

切れにくいハサミを使っているとストレスも溜《た》まってしまいますし、プリントに変なシワが寄ったりしてしまうことも。切れ味には必ずこだわるようにしてください。

✔持ち運びやすさ（外で使う場合）

ハサミは基本的にはペン立てやお道具箱に入れておけば大丈夫ですが、外出先で使いたい場合はペンケースに入れられるコンパクトなものを選ぶといいでしょう。刃《は》をしっかりと収納できるものだと安心です。

使い方

勉強でハサミを使うのは、プリントや教科書のコピーなどを切り貼《は》りするときがいちばん多いかもしれません。まっすぐ切れないときは、あらかじめ折り目をつけるなどしてガイド線を作っておくといいでしょう。

ハサミのおすすめ商品

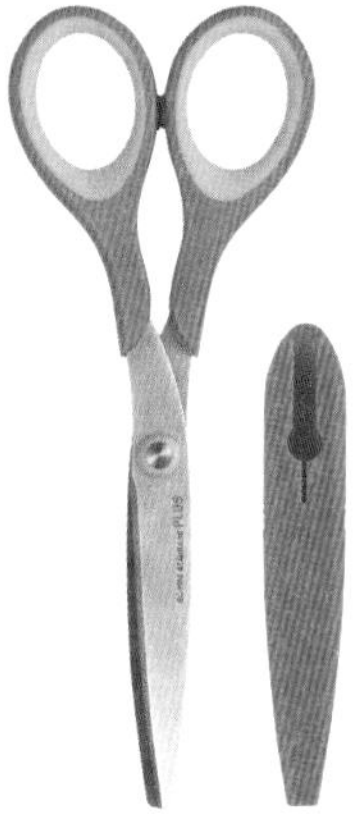

スリムスタイル

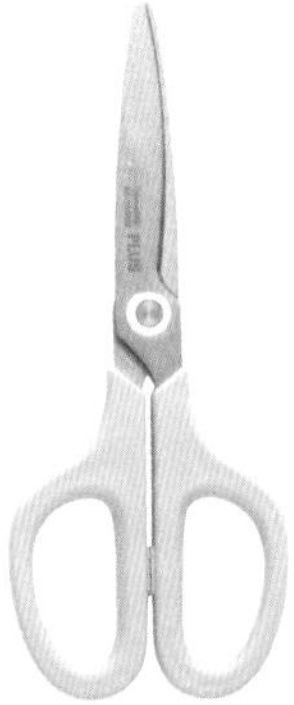

カーブスマート

Product name:

フィットカット

Maker: **プラス**　Price: **385円～605円**

切れ味、持ちやすさ、安全性、いずれもばっちりの高機能商品。わたしはフィットカットの「スリムスタイル」を10年以上愛用しています。ペン立ての中でも場所をとらないので、とても便利です。

持ち歩きに便利なスティックタイプの携帯ハサミ。刃にカーブがついているため、最適な角度をキープしてサクサク切ることができます。

携帯ハサミとしては長めの刃渡りで、袋や封筒の開封など、長い距離を切る場面にも適しています。キャップがついているので安心して持ち運びができます。

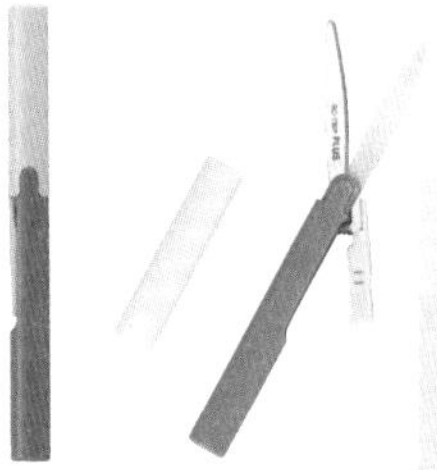

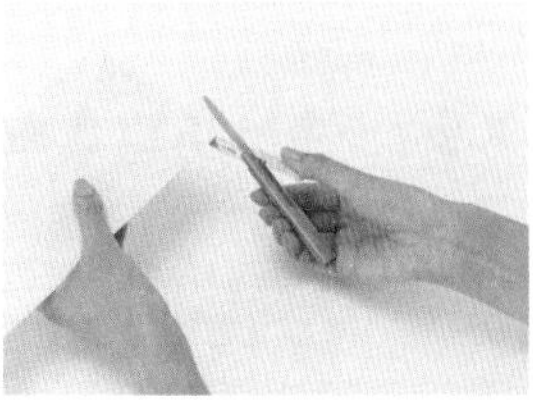

Product name:

フィットカットカーブ ツイッギー

Maker: **プラス** Price: **935円**

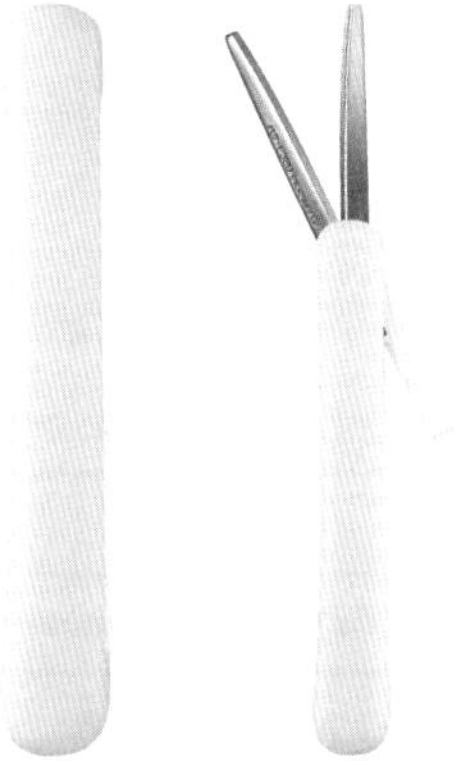

Product name:

サクサポシェ

Maker: **コクヨ** Price: **869円**

こちらも携帯ハサミですが、キャップがついていないのが特徴。スライドさせることで刃を出すことができるため、キャップがなくても安全に持ち運べるのです。片手で操作できるのも便利なポイント。見た目もかわいらしく、マシュマロのようなやわらかなフォルム。刃は接する部分を最小限にすることで、粘着質のものを切ってもべたつかないよう工夫が施されており、マスキングテープなどを切るときにも安心です。

Product name：

スティッキールはさみ SLARINO

Maker：　**サンスター文具**　Price：　**550円**

こちらもキャップなしの携帯ハサミ。スライド式になっており、使わないときには長さ8cmとかなりコンパクトになります。

切れ味もよく、刃にはテープなどを切ってもべたつかない工夫がされています。

Product name：

Kept フッ素コートハサミ

Maker：　**レイメイ藤井**　Price：　**605円**

持ち歩きに便利な小さめのハサミ。形は一般的なハサミと同じであるため、スティックタイプと比べるとかさばりますが、そのぶん切りやすさは抜群です。カバーがついているので、安全に持ち運ぶことができます。

刃にはテープを切ってもべたつかない加工がされています。くすみカラーがおしゃれな商品です。

のり

選び方のポイント

✔形状

のりの主な種類には、**でんぷんのり・液体のり・固形のり・テープのり**があります。**でんぷんのり**は幼稚園《ようちえん》や小学校で最初に使うことの多い安全なのり。しっかりとくっついてくれますが、手が汚《よご》れてしまったり、紙がヨレてしまったりしやすいのがデメリットです。

スティックタイプになっていることが多い**液体のり**は、手を汚《よご》さずに広範囲《こうはんい》に塗《ぬ》ることができ、接着力が高い傾向《けいこう》にあるのがメリット。一方で、紙がヨレやすいこと、しっかりとキャップを閉めておかないとスポンジ部分が乾《かわ》いてしまうことはデメリットといえます。

繰《く》り出して使うスティックタイプの**固形のり**は、手が汚《よご》れないこと、紙がヨレにくいこと、短い時間で乾《かわ》くことがメリット。ただし、接着力が弱いことも多く、剥《は》がれやすいのがデメリットです。

テープのりは、手を汚《よご》さずにきれいにつけることができ、乾《かわ》くのを待つ必要がないのがメリットです。ただ、ほかのタイプののりと比べると値が張ることが多いのがデメリットといえます。

✔使いやすさ

手の汚《よご》れにくさや乾《かわ》くまでの時間、紙のヨレにくさなどを考えて、自分の好みに合った使い心地のものを選ぶようにしましょう。塗《ぬ》ったところがわかる色つきのものもあります。

✔接着力

基本的にはしっかりとくっつく、接着力の高いものを選ぶといいでしょう。ただし、ふせんのようにあとから剥《は》がせるタイプのものもあるので、用途《ようと》によってはそうした商品を使うのもおすすめです。

使い方

紙にくっつけるのに使うときは、貼《は》りたい紙の4辺に一定の幅《はば》でのりを塗《ぬ》るのが基本。はみ出してしまうと机が汚《よご》れてしまうので、下にいらない紙を敷《し》いてから塗《ぬ》ると安心です。

テープのりの場合は、4辺全体につけなくても比較的しっかりと接着することができます。図のように四隅《よすみ》と辺の一部、真ん中あたりに少しつけるようにすれば、値の張りやすいテープのりも長く使うことができますよ。

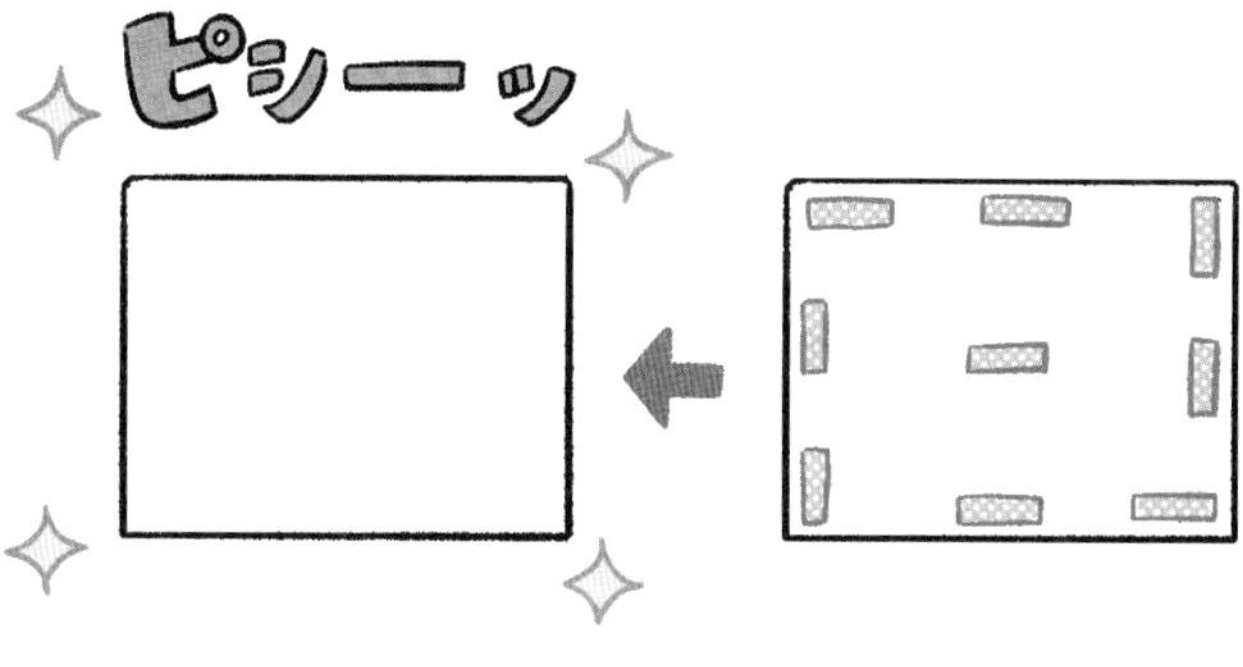

のりのおすすめ商品

しっかり貼《は》る

強力に貼《は》る

貼《は》ってはがせる

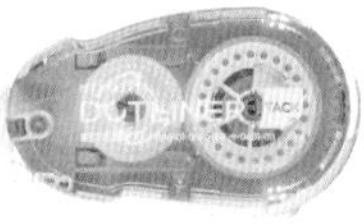

Product name:

ドットライナースタンダードタイプ

Maker: **コクヨ**　　Price: **462円**

テープのりの定番シリーズ。先端にローラーがついており、スーッと流れるようにのりを引くことができるすぐれもの。さまざまな種類があり、勉強に使うなら、スタンダードな強粘着の「しっかり貼る」タイプか、塗りたてのときに限り簡単に貼り直すことができる「貼ってはがせる」タイプがおすすめ。

スティックのりの定番シリーズ。しっかり貼りたいときには「ピットハイパワー」、シワなく貼りたいときには「シワなしピット」、塗りムラを防ぎたいときには「消えいろピット」がおすすめです。塗り心地は次ページのグルースティックのりに比べるとやや硬め。

ピットハイパワー

シワなしピット

消えいろピット

Product name:

ピットシリーズ

Maker: **トンボ鉛筆**

Price: **462～814円**
(サイズ・タイプにより異なります)

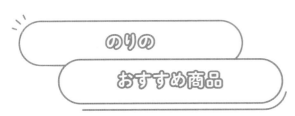

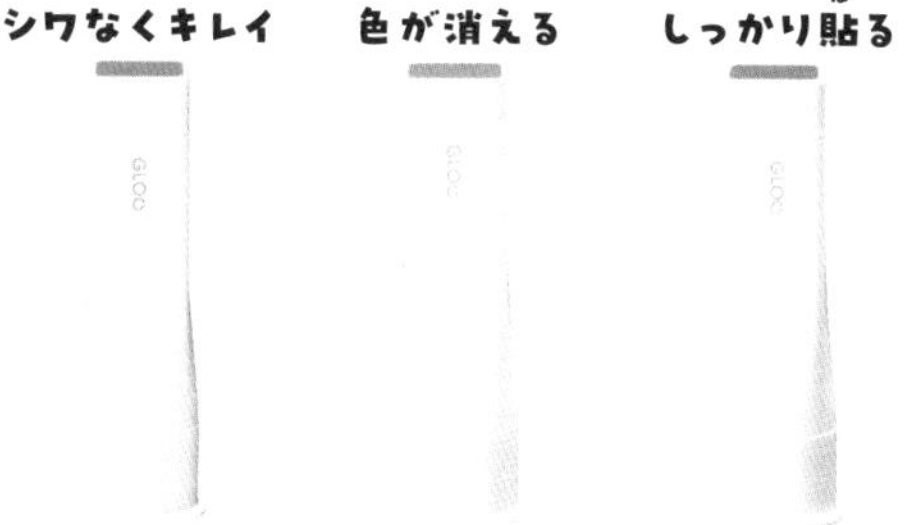

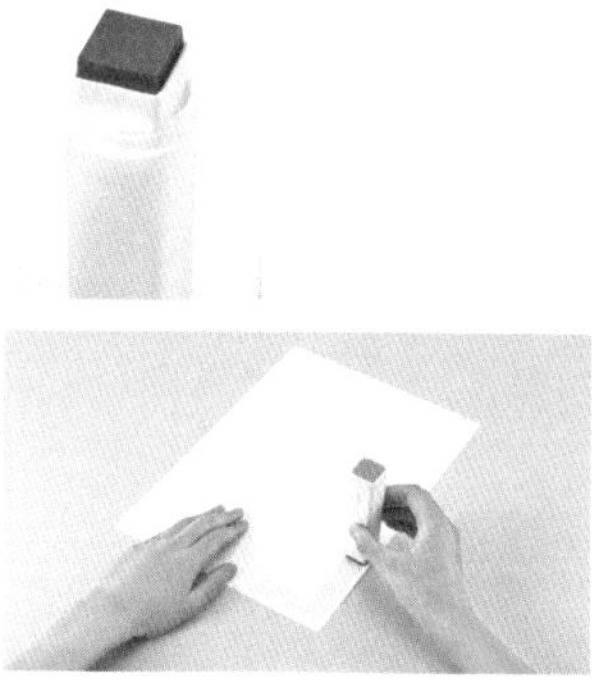

Product name:

グルースティックのり

Maker: **コクヨ** Price: **154〜473円（サイズ・タイプにより異なります）**

四角いデザインになっているため、角まで塗りやすく、机の上で転がりにくいのが特長です。薄手の紙でもシワなく貼れる「シワなくキレイ」タイプ、色つきで塗った部分がすぐにわかる「色が消える」タイプ、強力な接着力で厚紙にも使える「しっかり貼る」タイプがあります。

いずれのタイプも、ほどよい柔らかさで塗りやすく、きれいに仕上がります。

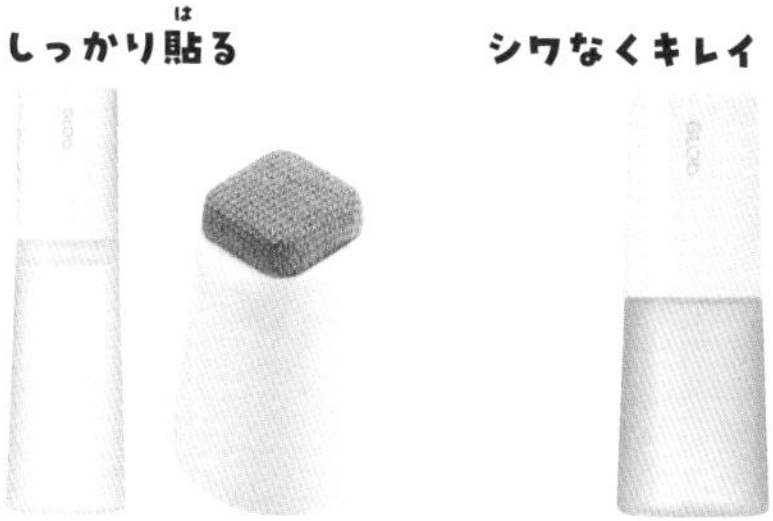

Product name:

グルー液体のり

Maker: **コクヨ** Price: **220円**

ヘッドが四角いスポンジになっており、角まで塗りやすい商品です。「しっかり貼る」タイプと「シワなくキレイ」タイプがあります。特に「シワなくキレイ」タイプは、液体のりにありがちな「薄い紙に塗るとシワシワになってしまう」という問題を克服しています。

ホチキス（ステープラー）

選び方のポイント

✔綴《と》じ枚数

多くのプリントを一度にとめたい場合は、なるべくパワーの強い、綴《と》じ枚数の多い商品を選びましょう。

✔大きさ

基本的には机のひきだしやお道具箱に入るサイズであれば大丈夫ですが、持ち歩きたい場合はコンパクトなものを選ぶといいでしょう。

✔針の必要なタイプか不要なタイプか

一般的《いっぱんてき》なホチキスは針をガシャンと打ち込むことで紙をとめますが、穴をあけて折りこんだり、圧着したりしてとめる、針なしタイプの商品も発売されています。より安全に使いたい人、針の補充《ほじゅう》の手間を省きたい人、あとでプリントを捨てるときの手間を少なくしたい人には針なしタイプがおすすめ。ただし、針を使うタイプと比べて綴《と》じ枚数が少ないことが多いので注意が必要です。

使い方

紙がばらけないように**軽くとめるだけの場合は上部1カ所**、合唱の楽譜《がくふ》のように何度も使うために**強度を保ちたい場合は横2〜3カ所**をとめるようにしましょう。1カ所だけとめる場合は、**横書きの書類なら左上、縦書きの書類なら右上をとめるのが原則**です。

ホチキスのおすすめ商品

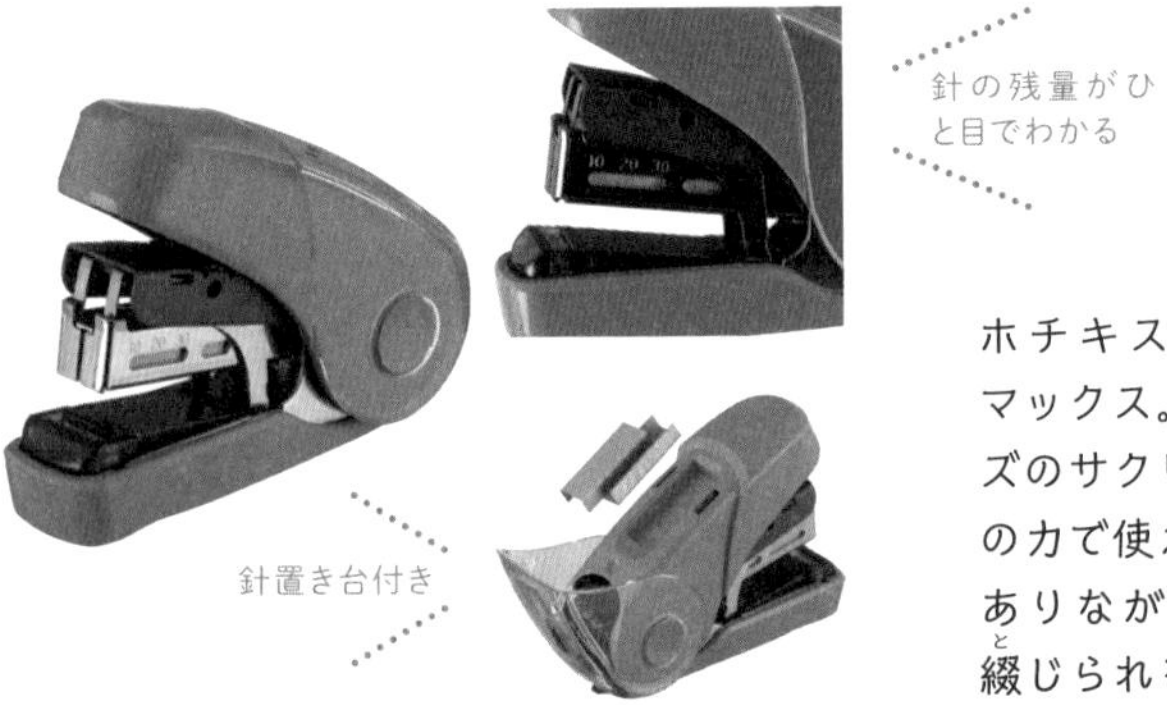

Product name：
サクリフラット

Maker： **マックス**　Price： **990円**

ホチキスの定番メーカー・マックス。特にサクリシリーズのサクリフラットは、50%の力で使える軽い綴《と》じ心地でありながら、32枚を一気に綴《と》じられるパワフルさが特長の商品です。

優しい丸みのあるデザインで、手になじみやすく工夫されています。

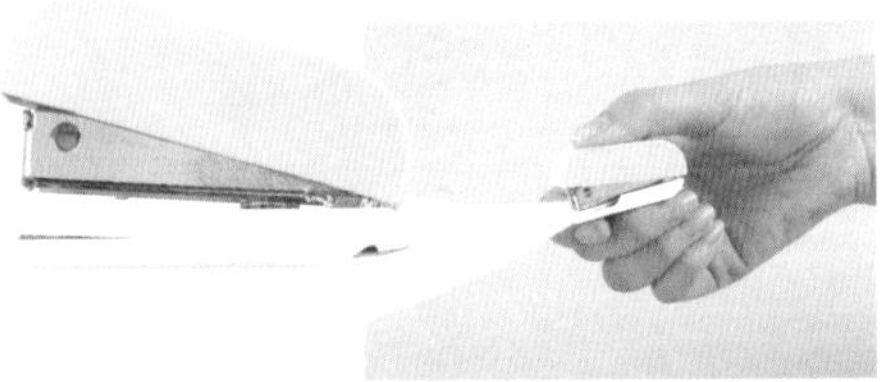

Product name：
チームデミ ステープラー

Maker： **プラス**　Price： **693円**

小さめのステープラーではこちらがおすすめ。淡い色合いがかわいらしいコンパクトなデザインですが、見かけによらずしっかりとした綴《と》じ心地でパワーがあります。10枚まで綴《と》じることが可能です。

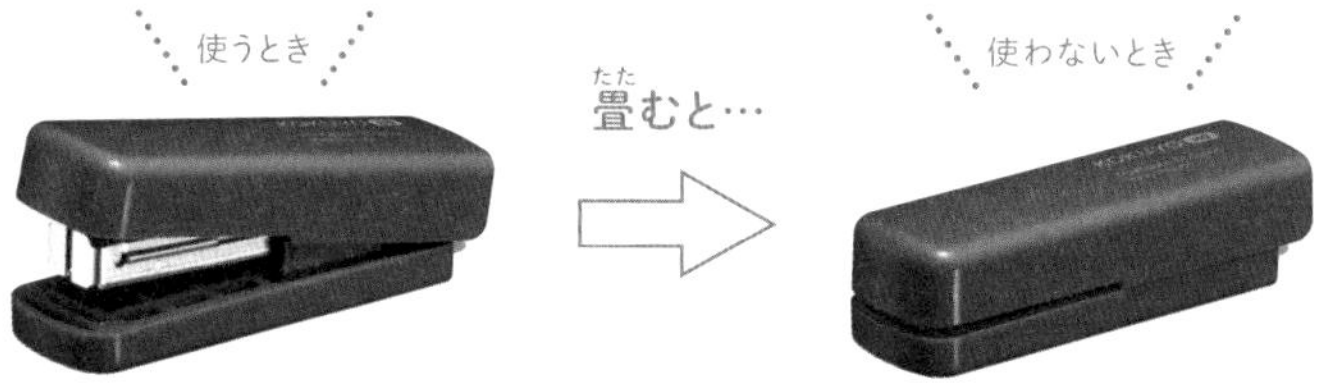

Product name:

KOKUYO ME

ポータブルステープラー

Maker:　コクヨ　　Price:　715円

こちらもコンパクトなステープラーとしておすすめ。押し刃をスライドしてロックすることで、畳《たた》んだ状態で安全に持ち運ぶことができます。サイズが小さいので、ペンケースに入れて持ち運ぶのもラクラク。10枚まで綴《と》じることができます。

針を使わずに紙を綴《と》じられるハリナックスシリーズ。紙に穴をあけずに圧着して綴《と》じるタイプと、紙に切り込みを入れて折り込むことで綴《と》じるタイプがあります。
一度に綴《と》じられる枚数は最大12枚（商品によって異なります）と、一般的なホチキスよりは少なめですが、針を補充しなくていい・重ねたときにかさばらないなどのメリットがあります。

ハリナックスハンディ

Price:　1,518円

ハリナックスコンパクトアルファ

Price:　880円

わたしはレシート管理のために愛用中です◎

Product name:

ハリナックスシリーズ

Maker:　コクヨ

下敷《じ》き

選び方のポイント

✔大きさ

最もスタンダードなノートの大きさはB5サイズなので、基本的にはB5サイズを選べばOKです（ノートについては第2章で詳《くわ》しくご紹介《しょうかい》します）。A4やA5サイズの商品もあるので、自分が普段《ふだん》使っているノートの大きさに合わせて購入《こうにゅう》するといいでしょう。

✔すべりにくさ

つるつるとすべりやすい下敷《じ》きだと、特に筆圧の低い人は書きづらく感じてしまいます。できればすべりにくい素材のものを選ぶといいでしょう。

また、罫線《けいせん》や目盛りの入った下敷《じ》きを使うと、定規が手元になくてもまっすぐ文字を書いたり、長さを測ったりすることができて便利です。

使い方

ノートを使うとき、机の上でプリントやルーズリーフに文字を書くときには、下敷《じ》きを敷《し》くクセをつけておきましょう。下敷《じ》きを使うことで、紙に書いた文字がでこぼこしたり、文字が下に写ったりすることを防げます。

下敷《じ》きのおすすめ商品

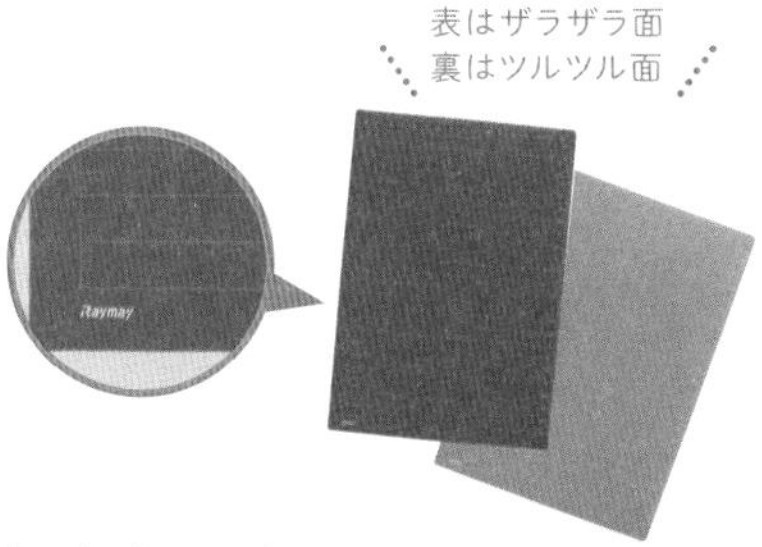

Product name:

魔法のザラザラ下じき(A4・B5)

Maker:　**レイメイ藤井**

Price:　**715～880円**

表面にドット加工が施されており、ザラザラとした触り心地が特徴的な下敷き。このザラザラによって、鉛筆を思ったとおりに動かす「運筆力《うんぴつりょく》」がアップし、手指の筋力や骨格の発達がまだ充分でない子どもでも大きくきれいな文字を書くことができるようになっています。

学習タイマー

選び方のポイント

計れる時間の長さ

できれば1時間単位まで表示してくれるもの（たとえば、90分なら「90：00」ではなく「1：30：00」と表示されるもの）を選びましょう。1時間単位の表示のほうが経過時間を直感的に把握《はあく》しやすいですし、長時間の試験の対策にも使えます。

画面の見やすさ

表示された時間がはっきりと読み取れるものを選びましょう。画面が大きめのものや、机に置いたときに見やすいようにやや斜《なな》めに設計されているものなどがおすすめです。

✔ アラーム音

音量調整ができるものや、消音モードのあるものを選ぶと、自習室やカフェでも安心して使うことができます。

✔ 持ち運びやすさ

出先で使う場合には持ち運びやすさも大切。バッグの中で誤作動しないようにロック機能のついたものや、コンパクトなサイズのものがおすすめです。

✔ その他の機能

その他、自分のニーズに合った機能のあるものを選ぶといいでしょう。試験日までのカウントダウンができるカレンダー機能があるものや、勉強時間と休憩《きゅうけい》時間を交互《こうご》に計れる機能があるものなど、便利な商品がたくさん出ています。

キッチンタイマーやスマホアプリを使ってもいいのですが、キッチンタイマーは1時間単位の表示がされないものが多く、持ち運びに適した作りになっていないことが大半です。また、スマホアプリはついスマホが気になってしまったり、逆にアプリの使用中に動画教材を観《み》ることができなくなってしまったりすることも。可能であれば、学習用に開発された専用タイマーを使うのがおすすめです。

使い方

学習効率を大きくアップしてくれる「タイマー」。タイマーを使った勉強法はいろいろありますが、ここでは特におすすめの3つをご紹介《しょうかい》します。

①レコーディング勉強法

まずはいちばんシンプルな**レコーディング勉強法**から。勉強を開始するときに、タイマーを**カウントアップモード**にしてスタートします。そしてタスクが一つ終わったらタイマーを止め、表示されている時間をメモ帳に記録します。あまり細かすぎてもあとから集計が大変になってしまうので、5分刻みくらいで科目別に記録するのがおすすめです。

そして一日の終わりに、科目別の勉強時間を集計し、あわせて全部の合計時間も計算します。これを毎日行うと、**がんばりが見える化されてやる気につながったり、科目による勉強時間の偏《かたよ》りがわかったりして勉強の効率やモチベーションを上げることができます。**

タイマーが時間をカウントしている間は「いまは勉強する時間なんだ」という気持ちが無意識に生まれるので、簡単にスマホを触《さわ》ったりベッドにダイブしたりしづらくなるというのもうれしい効果です。

②タイムアタック勉強法

タイムアタック勉強法は、①とは逆に**カウントダウンモード**で勉強時間を計るやり方です。「この問題は何分で解くぞ」、もしくは「いまから何分間は集中するぞ」と決めて、その時間をセットします。「よーいスタート」でスイッチを押し、勉強を開始します。

この方法で勉強する場合は、**折り返しカウントアップ機能のついているタイマーを使う**

のがおすすめです。折り返しの機能がついていると、あらかじめ決めていた時間をオーバーしたときに、**何分超過《ちょうか》したのか**まで自動で計ることができます。

問題を解いていて制限時間を超《こ》えてしまったときは、タイマーが鳴った時点で解けていたところに線を引いて、「ここまでが制限時間内に解けた範囲《はんい》」とわかるようにしましょう。超過《ちょうか》時間を計りながら、線の下に自分の納得のいくまで計算や答えを書いていきましょう。線を引くのではなく、ペンの色を変えるのでもOKです。

③ポモドーロ勉強法

ポモドーロ勉強法（ポモドーロ・テクニック）は、集中力・作業効率をアップさせる方法として大人の間でも人気のテクニックです。タイマーのカウントダウンモードで、**25分間の勉強時間と5分間の休憩《きゅうけい》時間を交互《こうご》にくり返します。**勉強時間には、「この25分にはこれをやる」とやることをしぼって取り組みます。

ただし、延々とくり返すと疲《つか》れてしまうので、4〜5セットに1回程度の割合でまとまった休憩《きゅうけい》（15〜30分程度）をとるようにしましょう。

学習タイマーのおすすめ商品

消音モードやキーロック機能もついているので、外出先でも◎

画面が大きく、勉強中に見やすい45°の傾斜

Product name:

ラーニングタイマーS

Maker: **ドリテック**　Price: **1,567円**

スタート/ストップボタンも大きくて押しやすく、時間設定も「10分」「5分」「1分」「10秒」の各ボタンで簡単に行うことができます。
カウントダウンで設定した時間を過ぎると自動でカウントアップを始める「折り返しカウントアップ機能」がついているため、時間内に解けなかった問題も「何分余計にかかってしまったのか」を知ることができます。

たまご型でかわいらしく、机の上に置いておくだけでモチベーションが上がります。

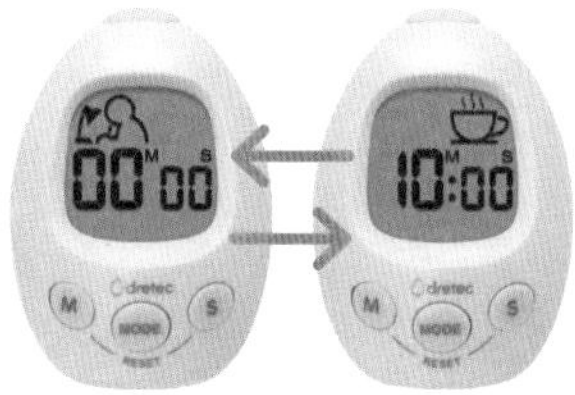

Product name:

スタディエッグ

Maker: **ドリテック**
Price: **1,980円**

勉強時間と休憩時間を交互に計ることができるタイマー。あらかじめ設定しておいた勉強時間をカウントダウンし終わると、自動で休憩時間に切り替わります。時間の長さはそれぞれ自分で決めることができるので、「25分勉強・5分休憩のポモドーロ勉強法をしよう」などと工夫するといいでしょう。

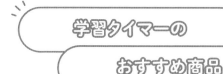

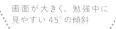

普通のカウントダウン・カウントアップ機能に加え、大問ごとにかかった時間を計れる「LAPタイム機能」がついているのが最大の特長。入試や資格試験の過去問・予想問題演習では時間配分がカギになるので、1つのタイマーで各大問の所要時間を計れるのはとてもうれしいポイントです。折り返しカウントアップ機能や消音モード、キーロック機能など、学習タイマーに必要な機能が網羅されているので、迷ったらこれ！　とおすすめできる商品。

Product name：
学習タイマー「ルラップ」

Maker：　**キングジム**
Price：　**2,080円**

Product name：
時《じ》っ感《かん》タイマー

Maker：　**ソニック**
Price：　**2,860円**

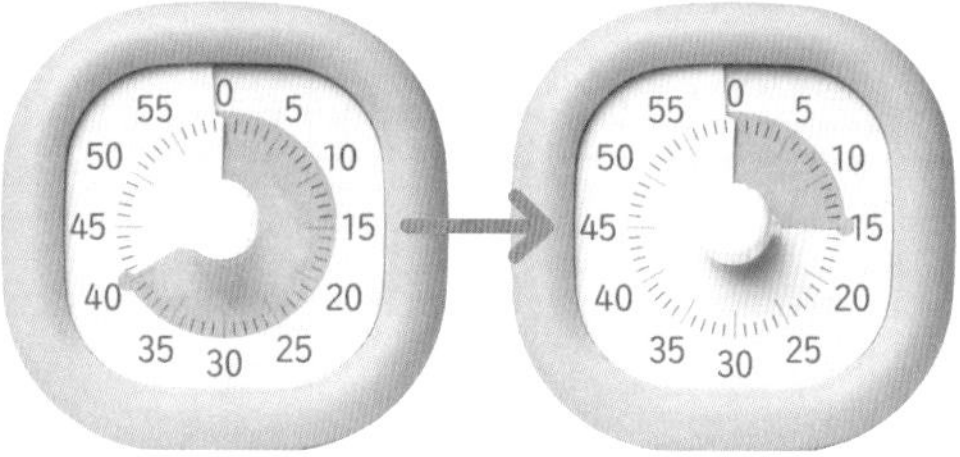

つまみを回してタイマーをセット。時間が経過するとともに色面が減っていくので、残り時間を直感的に把握することができます。
最大セット時間は60分。カウントダウン機能のみのシンプルなタイマーですが、時間に対する意識をつけたい小学生のお子さんから、1時間ごとにストレッチや水分補給をするリマインドをしたいデスクワークの社会人の方まで、幅広くおすすめできる商品です。

第2章

しっかりおさえよう！

ノートの選び方と使い方

勉強に欠かせない存在のノート。選ぶノートとその使い方によって、勉強効率は大きく変わってしまいます。この章では、用意しておくべきノートの種類や選び方、基本の使い方を、おすすめの商品とともに詳《くわ》しくご紹介《しょうかい》します。

用意しておくべきノートの種類

勉強といえばノート！　でも、どんなノートを用意しておけばいいのかな？

ノートなんてテキトーにとりあえず1冊あればいいんじゃないの？

ノートには「種類」があります。目的に応じた種類のノートを用意することが大切ですよ！

ここでは、

● **初級編**……小学生や勉強ビギナーさん向け

●**中級編**……中学生・高校生や、勉強をがんばりはじめた人向け
●**上級編**……難関校を目指している人や、すでに勉強に慣れている人向け

のレベル別に、用意しておくべきノートの種類を解説します。

初級編

小学生やまだ勉強に慣れていない人は、まず次の2種類のノートを用意するところから始めましょう。

・授業ノート
・演習ノート

授業ノートは、**授業中に板書の内容を書いたり、メモを書きとめたりするためのノート**

です。まずは板書を書き写すのが基本ですが、ただ丸写しするのではなく、自分の気づきや先生の話してくれた豆知識など、たくさんのメモをとるようにすると効果的です。

演習ノートは、**ワークや問題集などの問題をただひたすら解くためのノート**です。計算や答えを書き、解答解説を見て丸つけをします。問題を書き写す必要はありません。チラシの裏《うら》などに解いてもいいのですが、専用のノートを用意すると、これまでのがんばりがしっかり目に見える形で積み上がってモチベーションにもつながります。

中級編

中級者のみなさんは、次の4種類のノートを用意してみましょう。

- 授業ノート
- 演習ノート
- 間違《まちが》い直しノート

・まとめノート

授業ノートと演習ノートは初級編と同じです。それに加えて、**「間違《まちが》い直しノート」**と**「まとめノート」**を作ってみてください。

間違《まちが》い直しノートは、テスト勉強や受験勉強などをするなかで、**何度も間違《まちが》えてしまう問題やよくこんがらがってしまう問題を集めて作る「自分専用問題集」のようなノート**です。問題を書き写すかコピーをとって貼《は》り、その解答と解説を自分なりにまとめます。解説は、自分の間違《まちが》えてしまったところや気づけなかったポイントを中心に、誰《だれ》かに対してわかりやすく説明してあげるような気持ちで書きましょう。

まとめノートも、**テストや受験の勉強をするなかで混乱してしまったところや苦手なところをまとめるノート**です。間違《まちが》い直しノートは問題と答えを書くノートですが、まとめノートは問題を書くのではなく、覚えたい事柄《ことがら》について図解したり情報を並べたりしてわかりやすくまとめます。

間違《まちが》い直しノートとまとめノートは、テスト前や入試前まで何度も解き直したり読み返したりして、記憶《きおく》を定着させていきましょう。

上級編

さらに高いレベルを目指す上級者のみなさんは、次の6種類のノートにチャレンジしてみましょう。

- 授業ノート
- 演習ノート
- 間違《まちが》い直しノート
- まとめノート
- 勉強記録ノート
- 勉強計画ノート

最初の4つのノートは初級編・中級編と同じように用意します。それに加えて、ぜひ**「勉強記録ノート」**と**「勉強計画ノート」**も作ってみてください。

勉強記録ノートは、**毎日の勉強について記録するノート**。記録のしかたはいろいろありますが、手っ取り早くできておすすめなのは**日々の勉強時間を書く**ことです。科目別と合計の勉強時間を計って書きとめておくことで、毎日のがんばりが見える化され、モチベーションにもつなげることができます。

勉強計画ノートは、**やるべきことを整理し、計画的に勉強するためのノート**。普段の勉強用、テスト勉強用、受験勉強用など、目的に合わせて適切な計画ノートを作ることが大切です。特に受験勉強では試験日までにたくさんの勉強をしなければならないので、あらかじめ勉強計画をしっかり立てることが必要です。

ノートの選び方

自分に必要なノートがわかってきたぞ！

でも、お店に行くといろんなノートが売られていて迷っちゃう……。
いちばんかわいいノートを選べばいいのかな？

商品によって特徴《とくちょう》が異なります！　見た目だけで決めるのではなく、
使い道に合わせたノートを選んでくださいね。
ノートを買うときには、次の6つのポイントを意識しましょう。

①ルーズリーフかノートか

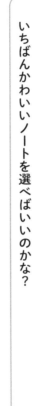

はじめに、**ルーズリーフにするかノートにするか**を決めます。どちらを使っても勉強の効率が大きく変わるわけではないので、次のようなメリット・デメリットを踏《ふ》まえて選びましょう。

	メリット	デメリット
ルーズリーフ	◎ページの入れ替《か》えや追加が自由自在 ◎好きな枚数だけ持ち運べる ◎いらなくなったページを処分できる	△なくしやすい △バインダーが必要になるなど、管理がやや大変
ノート	◎見開きで使いやすい ◎なくしづらい ◎管理がしやすい	△1冊あたりのページ数が決まっている △後からページの追加や入れ替《か》えができない

② リングノートかそれ以外か

①でノートを選んだ場合は、次にリング綴《と》じタイプかそれ以外のタイプかを考えます。

リングノートはやや値が張ることもあるので、次のような目的があるときに選ぶといいでしょう。

● **机の上でコンパクトに使いたいとき**
リングノートは折りたためるので、狭《せま》いスペースでも使いやすいのがメリットです。
● **いらないページをどんどん処分したいとき**
リングノートは普通《ふつう》のノートに比べ、ページをきれいに切り取ることができます。

③サイズ

次に**サイズ（大きさ）**を考えます。**最も一般的《いっぱんてき》なのはB5サイズ**。迷ったらB5を選べばOKです。

小学生やなるべくたくさん書きたいという人には**A4サイズ**もおすすめです。A4の半分のサイズであるA5のノートもよく売られていますが、これは1ページに書ける量が少なく、どちらかというと趣味《しゅみ》のためのノートや仕事のメモなどに適しています。

少し変わったサイズとして、コクヨから出ている**「キャンパスノート（プリント貼付《ちょうふ》用）」**があります。これはB5より少しだけ大きなサイズになっており、B5のプリントを切らずにそのまま貼《は》ったり、A4のプリントを罫線《けいせん》に沿ってきれいに貼《は》ったりできます。

④フォーマット

最も重要なポイントが**フォーマット**、つまり**中身のデザイン**です。小学校高学年以上の学習で使われるフォーマットとしては、主に次のようなものがあります。

- A罫《けい》（7ミリ幅《はば》の横罫線《よこけいせん》）
- B罫《けい》（6ミリ幅《はば》の横罫線《よこけいせん》）
- 英語罫《えいごけい》（アルファベットを書くための4本線が入ったもの）
- 方眼罫《ほうがんけい》（マス目になっているもの）

・無地（線やマス目のまったくないもの）

最も一般的《いっぱんてき》なのは、A罫《けい》またはB罫《けい》の横罫線《よこけいせん》タイプです。迷ったら横罫線《よこけいせん》タイプを選べばいいでしょう。文字が大きめの人やゆったり書きたい人にはA罫《けい》、文字が細かめの人や1ページにたくさん書きたい人にはB罫《けい》がおすすめです。

ほかにも横罫線《よこけいせん》の派生の商品を124ページから紹介《しょうかい》しているのでチェックしてください。

⑤枚数

ノートの場合は、**綴《と》じられている紙の枚数**もチェックしておきましょう。当然ですが、枚数が多いほどたくさん書くことができ、長い期間使うことができます。

特にこだわりがなければ、**一般的《いっぱんてき》な30〜40枚綴《と》じのノート**を選べばいいでしょう。最近では軽い素材の紙を使ったノートなども出ているので、荷物をなるべく軽くしたいという人はそうした商品を使ってみるのもおすすめです。

たくさん書きたい人、なるべく長い期間使いたい人は、枚数が多めのノートを使うといいでしょう。わたしは基本的には30~40枚綴《と》じのノートを選んでいましたが、演習ノートだけはたくさん問題を解くために80枚綴《と》じのノートを使っていました。

⑥見た目

最後に**見た目**！　ここまでの5つのポイントをおさえて候補をしぼったら、あとは自分の好きな色やデザインのものを選べばOKです。見た目がお気に入りのノートだと勉強のモチベーションも上がるので、ぜひこだわってみてください。

同じノートを教科・科目に合わせて色違《ちが》いで使うのもいいでしょう。

もし気に入ったデザインのノートが見つからないという場合は、表紙に自分で絵をかいたり、シールを貼《は》ったりしてカスタマイズするのもおすすめです。少しの工夫《くふう》で勉強が楽しくなるので、自分なりにいろいろなことを試してみてくださいね。

ノート&ルーズリーフのおすすめ商品

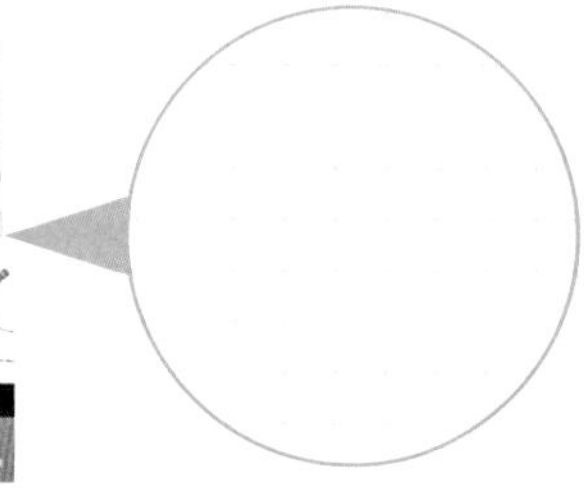

わたしも中学時代からずっと愛用しています♪

Product name:

キャンパスノート／キャンパスルーズリーフ（ドット入り）B5

Maker: **コクヨ**　　Price: **（ノート）209円　（ルーズリーフ）374円**

東大合格生のノートのとり方から生まれた、横罫線の上にドットが等間隔に並んだフォーマットです。

ドットを目印にすることで、図や表をきれいにかいたり、教科書のコピーやメモをまっすぐ貼ったりすることができます。多くの東大生も使っている、大人気のロングセラー商品。

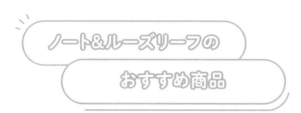

Product name：

キャンパスノート／キャンパスルーズリーフ(ドット入り文系線)B5

Maker：　コクヨ

Price：　（ノート）209円
（ルーズリーフ）374円

ドット入り罫線の派生で、文系教科に最適なフォーマットとして開発された商品です。
ドットのついた横罫線の中に点線で仕切られた余白ラインがあるので、行と行の間に自然な余白が生まれ、読みやすく書くことができます。ふりがなや訓点も書き入れやすいので、英文読解や漢文の勉強にもおすすめです。

通常のドット入り罫線《けいせん》よりもさらに図表やグラフをかきやすいデザインになっているよ！

ドット入り罫線の派生で、こちらは理系教科に最適なフォーマットとして開発された商品です。
ドットのついた横罫線の中に、行を4等分するように細かなドット（作図ドット）が入っています。

Product name：

キャンパスノート／キャンパスルーズリーフ(ドット入り理系線)B5

Maker：　コクヨ

Price：　（ノート）209円
（ルーズリーフ）374円

Product name:

みおりんStudy Time
スタディノートB5

Maker: **サンスター文具**

Price: **297円**

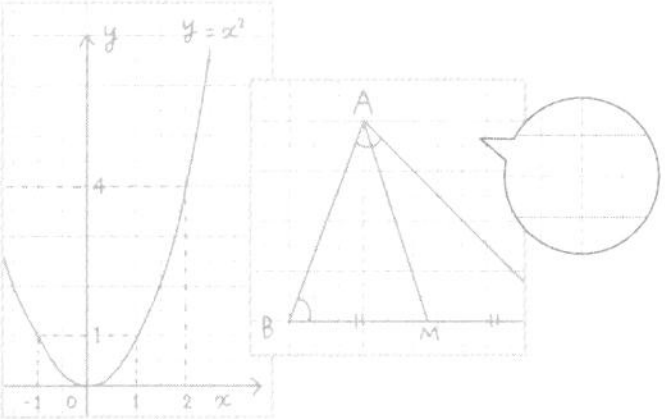

サンスター文具とみおりんのコラボで生まれたオリジナル商品です。
6mmの横罫線の間に3mmの方眼が印刷されているため、図やグラフ、表もきれいにかくことができます。左の2マスには縦線が引いてあり、見出しの文頭をそろえてきれいなノートを作ることができます。どんな科目や場面でも使える万能フォーマットです。

Product name:

みおりんStudy Time
ルーズリーフB5 全般用《ぜんぱん》

Maker: **サンスター文具**　Price: **330円**

6mmの横罫線の間に3mmの方眼が入った万能フォーマットのルーズリーフ版です。どんな科目にも使えるので、荷物を減らしたいときはこのルーズリーフを何枚かバインダーやクリアファイルに入れて持ち歩くのがおすすめです。

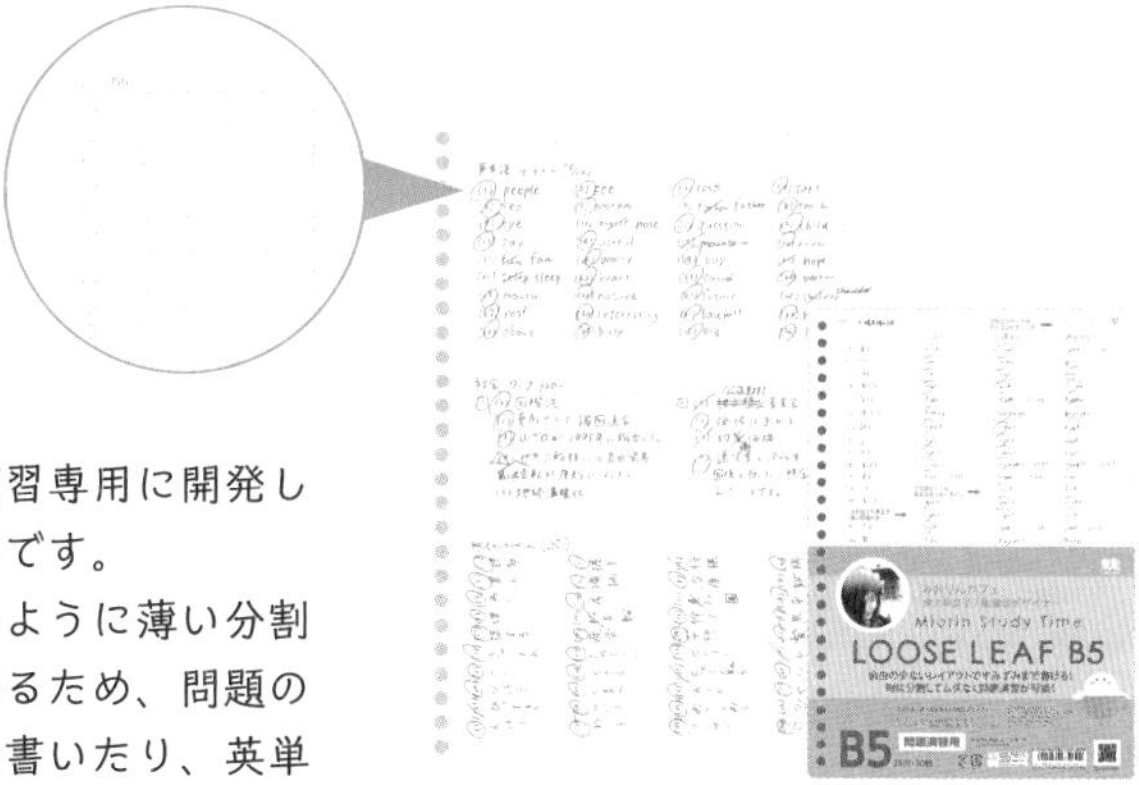

わたしが問題演習専用に開発したルーズリーフです。
縦に4等分するように薄い分割線が引かれているため、問題の答えをたくさん書いたり、英単語や漢字の勉強をしたりするのにも最適。上下左右の余白が少ないので、ページのすみずみまでたっぷりと書くことができるのもうれしいポイントです。

Product name:
みおりんStudy Time
ルーズリーフB5 問題演習用

Maker: **サンスター文具**　Price: **330円**

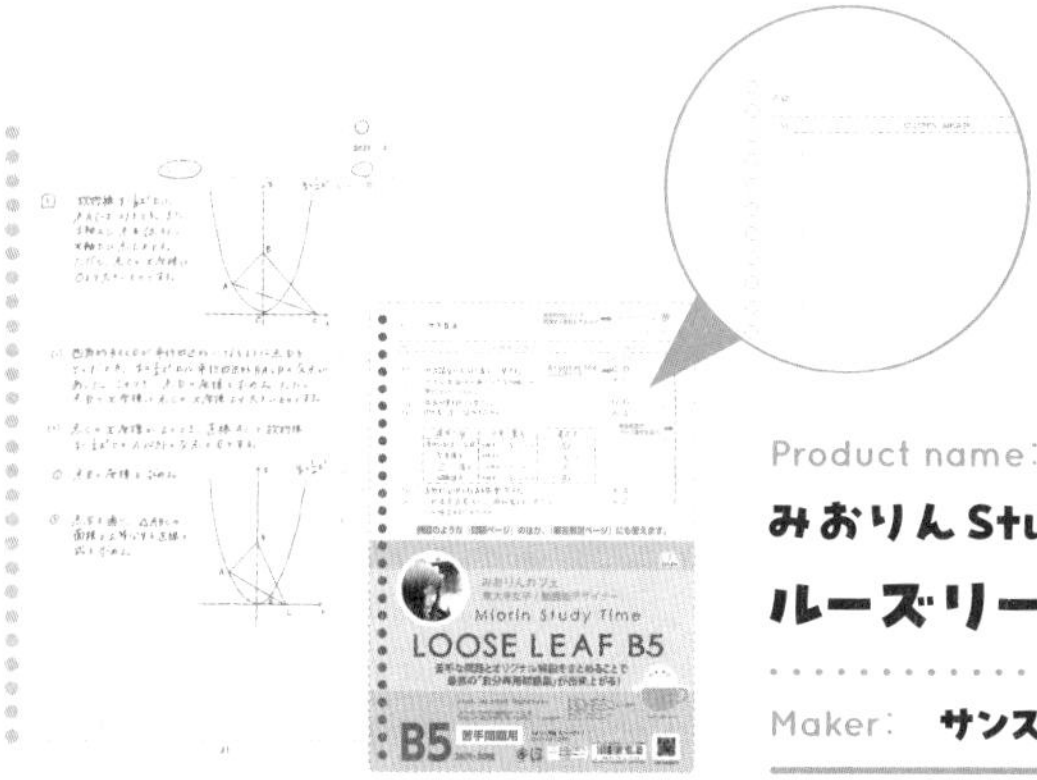

Product name:
みおりんStudy Time
ルーズリーフB5 苦手問題用

Maker: **サンスター文具**　Price: **330円**

間違い直しノート（自分専用問題集ノート）を作るのに最適なルーズリーフです。これ1つで問題ページと解答解説ページの両方に対応しているので、自分の苦手を集めたノートを誰でも簡単に作ることができます。

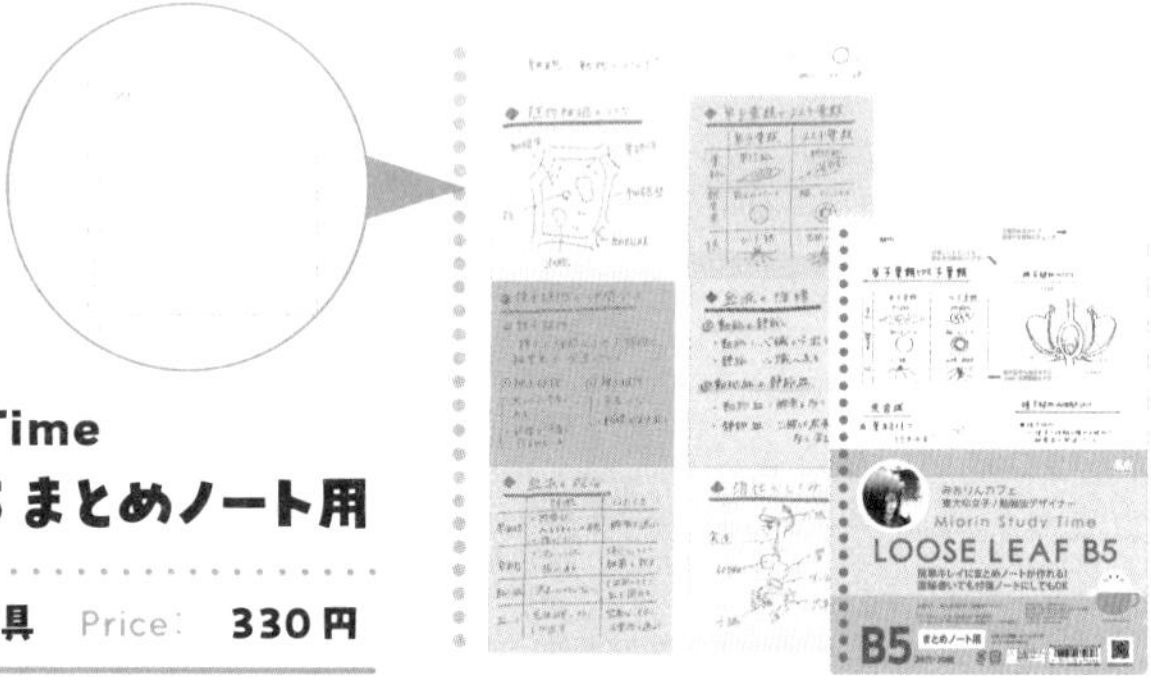

Product name:

みおりんStudy Time
ルーズリーフB5まとめノート用

Maker: **サンスター文具**　Price: **330円**

まとめノート専用のルーズリーフです。

１ページを６つのスペースに分割する線が入っていて、１スペースに１つ、覚えたい項目を書き込むことができます。直接書き込んでも、覚えたいことを書いたふせんを貼ってふせんノートのようにしてもOKです。

Product name:

みおりんStudy Time
バインダーB6&リフィル

Maker: **サンスター文具**
Price: **（バインダー）825円**
（リフィル）275円

わたしが東大受験生時代にやっていた暗記ノートの勉強法を、楽しく効率的に実践できるように開発したアイテムです。

B6サイズのパステルカラー（全４色）のバインダーに専用のリフィル（全４種）を綴《と》じて使うことで、自分だけの暗記ノートや勉強記録ノートを作ることができます。バインダーには赤シートや教科ごとに仕切れる５色のインデックスシートもついているので、これ一冊で全教科をいつでもどこでも復習することが可能です。

Product name:

スイング・ロジカルノート

Maker: ナカバヤシ

Price: オープン価格

縦のガイドラインによって文字の高さや行の頭がそろいやすくなっており、1行を3分割する横のガイドラインによって自然と行間の余白をとって書けるようになっています。もちろん図表やグラフもかきやすいフォーマットです。

書き心地・にじみにくさ・表面のなめらかさ・裏写りのしにくさなど、書き味にこだわった専用用紙を使用するこだわりっぷり。書きやすさを追求する人におすすめの商品です。

Product name:

ロジカル・エアーノート

Maker: ナカバヤシ

Price: オープン価格

ロジカルノートの書きやすいフォーマットや厚み・裏写りのしにくさはそのままに、従来のノートよりなんと20%も軽量化した商品です。

書きやすさは従来品と変わらないので、荷物を軽くしたい人には特におすすめです。

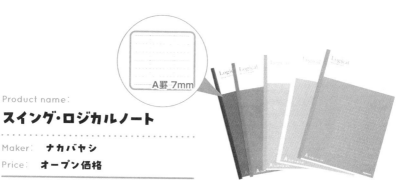

ドット入り
罫線も！

Product name:

キャンパスノート（プリント貼付《ちょうふ》用）

Maker: **コクヨ**

Price: **210～300円**
（サイズ・タイプにより異なります）

B5 サイズのプリントがそのまま貼れる、少し大きめサイズのノートです。ページの四隅についているマークに合わせることで、まっすぐきれいに貼り付けることができるようになっています。
プリントを切ったり折ったりする必要がないので、配布プリントが多めの授業でも短い時間でノートを作ることができます。A4・A5 のプリントも罫線に沿って貼りやすくなっています。

豊富な
カラー展開！

わたしは高校時代からいままで何冊もリピートして使っています！

Product name:

セプトクルール
ノート横罫《けい》 B5

Maker: **マルマン** Price: **638円**

シンプルで主張の少ないA罫のフォーマットに、サラサラとした書きやすい紙質、80枚という大容量で演習ノートにおすすめのリングノートです。

Product name:
植林木ペーパー
裏《うら》うつりしにくい
ダブルリングノートB5

Maker: **無印良品**
Price: **150円**

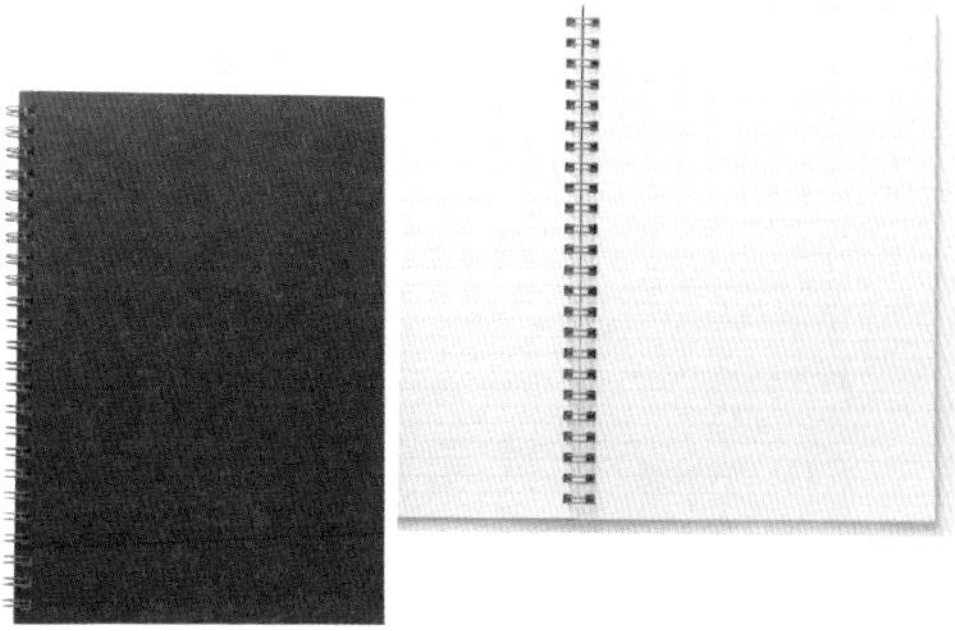

7mm幅の薄めの罫線に、裏写りしにくい紙が特長のリングノートです。
わたしはこれを小学校のころから、演習ノートや間違い直しノート、テスト前のまとめノートなどさまざまな目的でヘビロテしてきました。

基本のノートの使い方

ノートってどうやって書けばわかりやすくなるのかな？

いつもごちゃごちゃしちゃうんだよね……。

まずは基本の5つのポイントをおさえると、読み返したくなるノートにすることができますよ！

ノートのとり方がわからない人におさえてほしい、**基本のノート**術をご紹介《しょうかい》します。どんなノートにも使える方法なので、ぜひマスターしてくださいね。

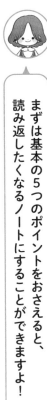

①「見出し＋箇条書き《かじょうが》」で書く

最初に身につけてほしいのが、**情報は「箇条書き《かじょうが》で書く」**ということです。

ノートは教科書の内容や先生の話を文章でつらつらと書きとめる場所ではありません。そのなかから要点をしぼり、必要な情報だけ抜き出してメモしておくためのものです。

抜き出した情報は箇条書き《かじょうが》にし、さらに**見出しをつける**と、「その箇条書き《かじょうが》の内容はなんの情報なのか？」ということが整理されてわかりやすくなります。

②余白をたっぷりとる

見やすいノートにするためには、文字をぎっしりと書き込《こ》むのではなく、**余白をたっぷりとって書く**ようにしましょう。

ぎっしり詰《つ》めて書くと見づらいノートになってしまいますが、余裕《よゆう》をもって書くと読みやすくなるし、空いたスペースにあとからメモを書き足すこともできます。**ノートは「ぜ**

いたくに使う」ということをぜひ意識してみてください。

③自分なりのメモを入れる

ノートに板書や参考書の内容を丸写しするだけでは、勉強内容をしっかりと理解することはできません。読み返したときに理解の深まるノートにするには、**自分オリジナルのメモ**を入れるのがポイントです。

- 覚え方
- 豆知識
- 自分の感想

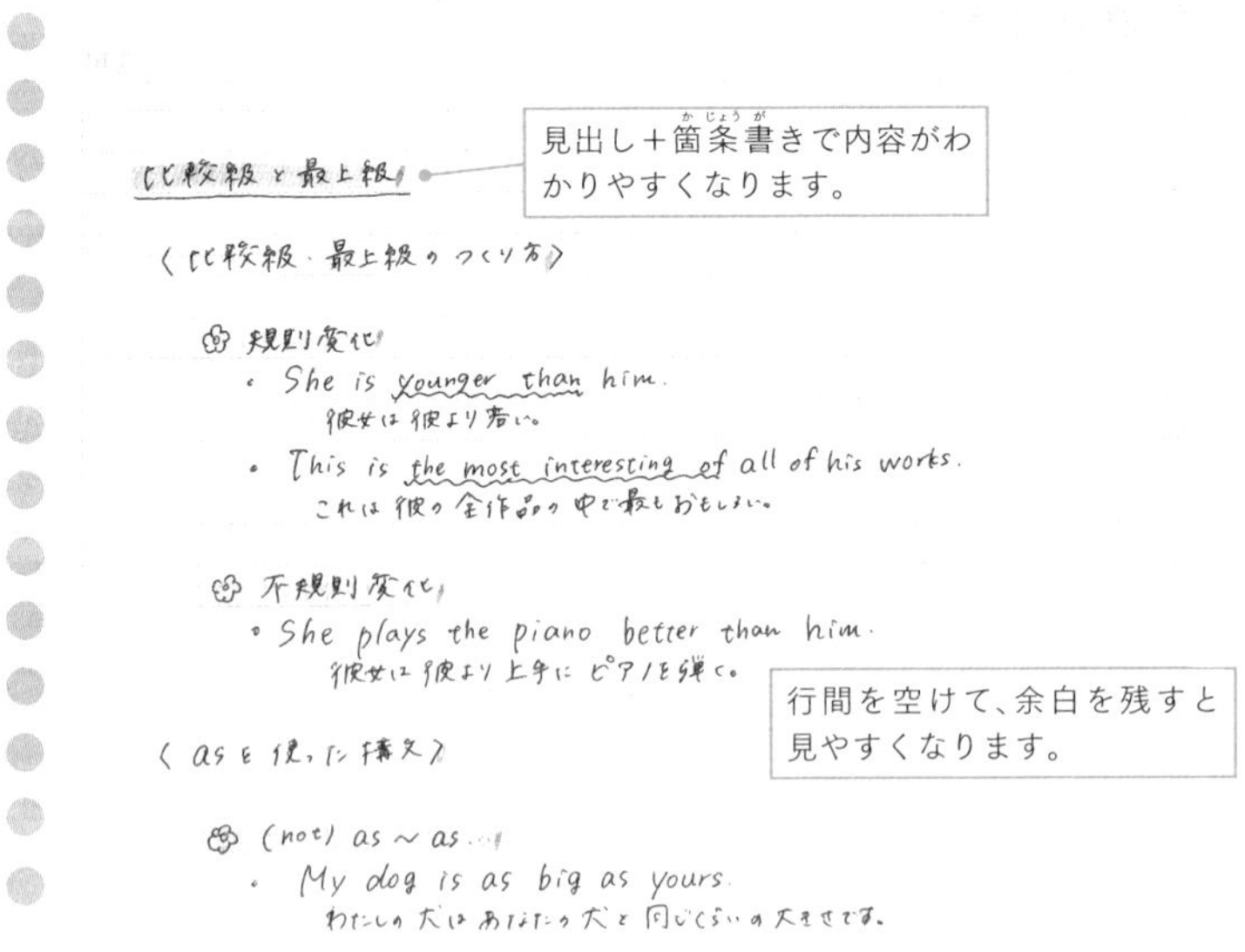

比較級と最上級
見出し＋箇条《かじょう》書《が》きで内容がわかりやすくなります。
〈比較級・最上級のつくり方〉
規則変化
・She is younger than him.
彼女は彼より若い。
・This is the most interesting of all of his works.
これは彼の全作品の中で最もおもしろい。
不規則変化
・She plays the piano better than him.
彼女は彼より上手にピアノを弾く。
行間を空けて、余白を残すと見やすくなります。
〈asを使った構文〉
(not) as ～ as …
・My dog is as big as yours.
わたしの犬はあなたの犬と同じぐらいの大きさです。

・先生の雑談

などを入れると、ノートの中身の印象が強まり、定着率を上げることができますよ。

④ビジュアル的にわかりやすく書く

ただ文字だけを書くだけでなく、ビジュアルを充実《じゅうじつ》させることでもわかりやすいノートを作ることができます。

・図
・イラスト

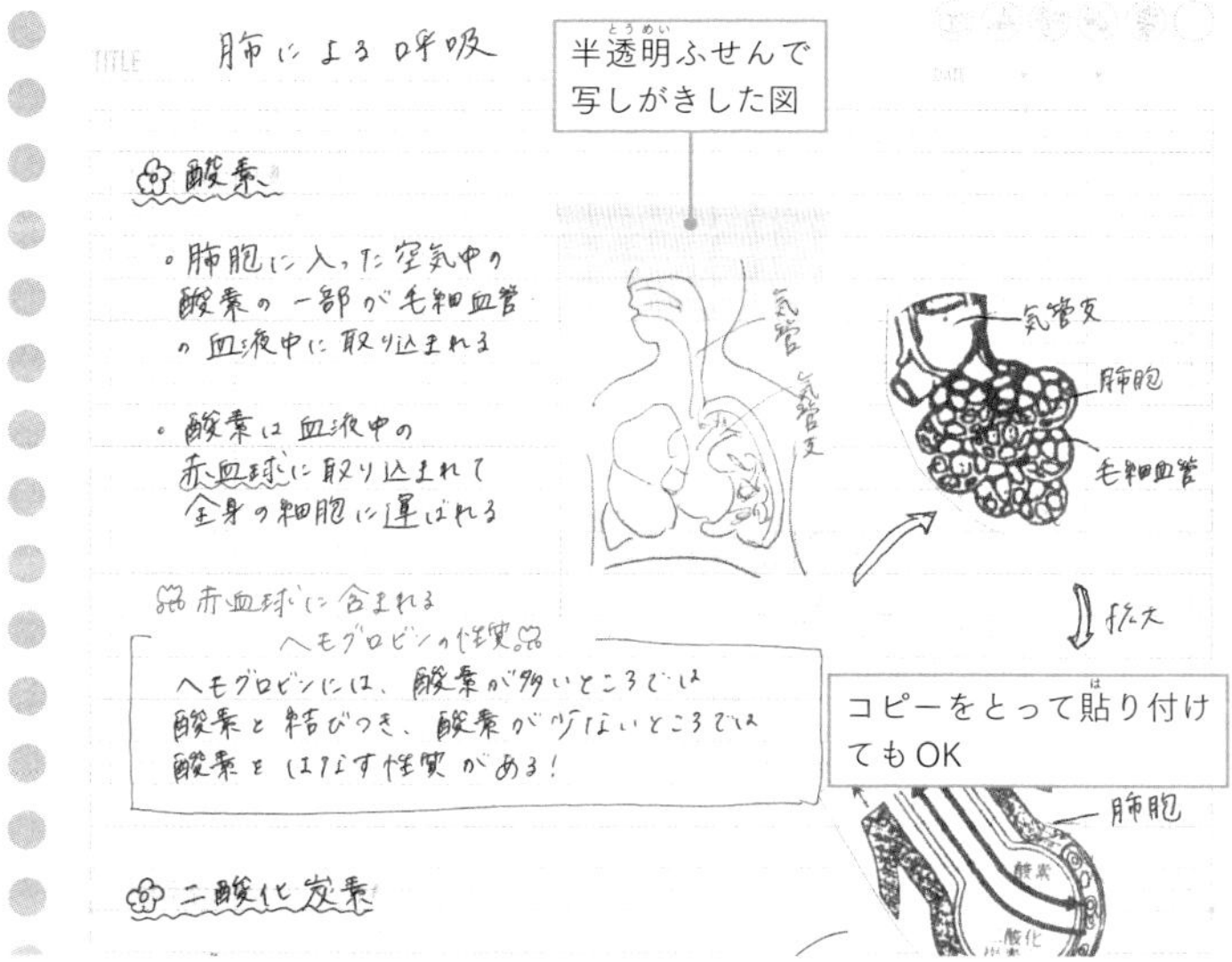
肺による呼吸
半透明《とうめい》ふせんで写しがきした図
酸素
・肺胞に入った空気中の酸素の一部が毛細血管の血液中に取り込まれる
・酸素は血液中の赤血球に取り込まれて全身の細胞に運ばれる
気管
気管支
肺胞
毛細血管
拡大
赤血球に含まれるヘモグロビンの性質
ヘモグロビンには、酸素が多いところでは酸素と結びつき、酸素が少ないところでは酸素をはなす性質がある!
コピーをとって貼《は》り付けてもOK
二酸化炭素

・表
・地図

などを意識的に入れて、見やすいノートにしましょう。

⑤カラフルにしすぎない

見やすくまとまったノートにするためには、色を使いすぎないことも大切です。たくさんの色を使ってカラフルにしすぎると、ごちゃごちゃしてどこが重要なのかわからないノートになってしまいます。

ノートをとるときには、**あらかじめ色分けルールを決めておき、使う色の数をしぼる**ようにしてみましょう。色分けルールの例については第1章のカラーペンのところでご紹介《しょうかい》したので、ぜひ参考にしてくださいね。

第3章

学力アップにつなげよう！

教科書・参考書の活用術

学校の授業で使う教科書、自習や受験勉強のために使う参考書も大事な勉強道具。でも、ついなんとなく使ってしまっていませんか？　この章では、教科書や参考書の正しい使い方と選び方を、みおりんの経験を踏《ふ》まえて徹《てっ》底《てい》的に解説します。

教科書の使い方

教科書の大事なところに線を引いて復習したいけど、どこが大事かわからない……。

ぼくは学校に教科書を置きっぱなしだから、家で使ったことないよ！（汗）

学校の教科書は正しく使うことで学力アップにつなげることができます。ポイントをおさえてフル活用しましょう♪

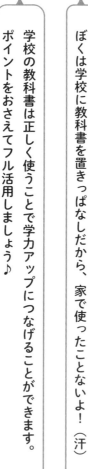

教科書ってどんなもの？

そもそも教科書とは、**「学校の勉強内容の重要事項《じこう》がまとめられたもの」**です。

学校の授業では、基本的に教科書を開きながら学習をしますよね。教科書に載《の》っていることが授業のベースなので、その内容をみんなで一緒《いっしょ》に理解しながら進めていくのです。

ただし、教科書はページ数も限られているため、すべての事柄《ことがら》について詳《くわ》しくていねいに説明されているわけではありません。「教科書だけでは細かい知識まで理解しきれないな」「もう少し噛《か》み砕《くだ》いた説明を知りたいな」という場合には、教科書とあわせて参考書を使うのが効果的です。

ベースは教科書、ただしその教科や単元が苦手な場合や理解が追いつかない場合は参考書も一緒《いっしょ》に使う。この原則を頭に入れたうえで、教科書の正しい使い方をおさえましょう！

教科書の使い方のポイント

年度はじめに「パラパラ読み」をしてみる

毎年1学期のはじめ、もしくはその直前の春休みに、新学年の教科書が一気に配布されると思います。

わたしは小学生のころから、教科書をゲットしたらすぐにすべてのページを**パラパラ読みする**というのが習慣でした。特に国語の教科書は、4月の時点でほとんどすべての文章を読んでいたと思います。

これをしておくと、1年のはじめに**「この1年間ではこんな感じのことを勉強するんだな～」**ということがわかります。すると**全体像のイメージが湧《わ》いて、知らず知らずのうちにプチ予習のような形になる**のです。

もちろん、全部を読み込《こ》む必要はまったくありません。本当にパラパラっとめくるだけでもかまわないので、ぜひ一度全体を眺《なが》めてみてください。

マーカーやアンダーラインを引きすぎない！

ついつい教科書にたくさん線を引きたくなってしまう……という人、いませんか？ 気持ちはわかるのですが、教科書にたくさん線を引くのはわたしはおすすめしません。

線を引くということは、そこが大事だから目立たせる、ということですよね。ですが、教科書というのは先ほどお伝えしたとおり「重要事項《じこう》がまとめられたもの」。つまり、**教科書に書いてあることはすべてが大事な内容なのです。**線を引くなら、ほとんど全部の文章に引かなければならないことになってしまいます。

たくさん線を引いてしまうと、どこに注目していいかわからなくなり、結果的にかえって勉強効率が下がってしまいます。たとえば先生が「ここは本当に本当に重要だから、必ずチェックしておくように！」と言ったところなどを除き、**基本的に教科書にはあまり線を引かないようにするのがおすすめです。**

ちなみにわたしは、授業中に先生が「ここは重要」と言ったところについては、アンダーラインではなく**「　」のようなマークをつける**ようにしていました。こうすると線が目立ちすぎてしまうということがないので、あとから読み返したときに視線が分散してしまうこともありません。

「置き勉」してもいい？

教科書は重いので学校に置きっぱなしにしている、という人も多いかもしれません。

学年にもよりますが、持ち帰ることができるのであれば持ち帰るのが理想的です。ただ、**あまりに荷物が重くなってしまうという場合は、使うときだけ持ち帰る**のがいいでしょう。

置き勉をすると家で勉強する習慣がなくなってしまう……という人は、「月曜日は数学の教科書、火曜日は国語の教科書を持ち帰る」のように**曜日を決めておき、持ち帰った教科書には目を通したり問題を解いたりする**というルールにするのもいいと思います。

迷ったら音読をしよう

教科書を使ったおうち勉強で手っ取り早くおすすめできるのは「**音読**」です。

音読は、国語や英語はもちろん、理科や社会の勉強にも効果的です。人間は五感を使うと覚えやすくなるのですが、**音読は「目で見る（読む）」「声に出す」「耳で聴《き》く」という3つを一度に行うことができるので、内容が記憶《きおく》に残りやすくなるのです。**

わたし自身、小学生のころは宿題として出されていた国語の教科書の音読にくり返し取り組んだり、中学・高校ではテスト勉強のときにしつこいほど国語や英語の教科書を音読したり、大学受験のときには世界史や日本史の教科書を何度も音読したりしていました。こうした音読の積み重ねのおかげで学力が上がったと感じています。

テスト勉強に使う場合はあらかじめコピーをとっておく

たとえば英語の教科書は、授業中に単語の意味や英文の和訳を書き込《こ》んでしまっていた場合、テスト勉強のときに和訳の練習をしようと思っても、答えやヒントがわかってしまうので使えなくなってしまいますよね。

このようにテスト勉強に教科書を使う予定がある場合は、**授業の前にあらかじめページのコピーをとっておく**ようにしましょう。コピーをノートに貼《は》れば、授業中のメモや自分なりの和訳をたくさん書き込《こ》むこともできます。テスト勉強のときに音読や和訳の練習をする場合は、なにも書き込《こ》みのない教科書本体を使いましょう。

参考書の選び方

学校の教科書やドリル以外に、参考書って買ったほうがいいのかな？

参考書は「サプリメント」のようなもの。学校の教材だけでは足りないと感じる場合に使ってみましょう。

参考書が必要なのはどんなとき？

教科書の使い方のところでご説明したように、教科書というのは「学校の勉強内容の重要事項《じこう》がまとまっているけれど、細かなところまでものすごくていねいに説明されているわけではない」ものです。そのため、使う人や状況によっては、教科書だけで足りる場合とそうでない場合があります。

食べものでたとえるなら、教科書は3食の食事のようなもの。食事で足りない栄養がある場合は、サプリメントを摂《と》ることも効果的ですよね。**このサプリメントが参考書なのです。**

たとえば、次のようなときには参考書が必要といえます。

- 教科書だけだと説明がいまいち理解できないと感じたとき
- 教科書に載《の》っている問題数が少なく、もっと多くの問題を解く必要があると感じたとき
- 受験用に、英単語や英語の長文読解など各分野に特化した参考書が必要だと感じたとき

参考書を買う前に、**「いまの自分には本当に参考書が必要なのか（教科書だけでは足り**

ないのか)」を考えるようにしてくださいね。

参考書の正しい選び方

本屋さんに行って、目についた参考書を直感だけで買ってしまっているという人も多いかもしれません。

ですが、そのときの自分に合った最高の参考書を見つけるためには、**直感だけに頼《たよ》るのはNG**。見た目の好みやフィーリングだけで選んでしまった参考書は、じつは内容が薄《うす》かったり、自分の目指す目標や志望校の内容には合っていないものだったりすることもあるからです。実際わたしも、高3のときには直感だけで選んでしまった参考書を使い、あとから志望校の東大の傾向《けいこう》にはまったく合っていなかったことを知ってがっかりしたことがあります。

そこで、東大を目指して参考書だけで独学をするなかでわたしが身につけた、**「参考書の正しい選び方ステップ」**をご紹介したいと思います。

STEP①まずは使う目的を決める

参考書を探す前に、最初にやるべきことがあります。それは**「参考書を使う目的を決める」**ということ。

先ほどお話ししたように、まず「いまの自分には本当に参考書が必要なのか」を考え、さらに**「どんな参考書が必要なのか」**まで考えます。たとえば次のようなイメージです。

- 教科書や授業だけだと歴史の流れがよくわからないから、より細かくストーリーを追える読みもの系の参考書を買おう
- 教科書レベルの計算問題は解けるようになったから、応用問題を中心とした計算問題集を買おう
- 英語長文を読むスピードが遅《おそ》いから、速読に特化した問題集を買おう

このように目的がはっきりと定まると、自分にぴったりの参考書を探す準備が整います。

STEP② 合格体験記やおすすめを参考に候補をしぼる

どんな内容の参考書が必要かわかったら、次は具体的に**どの参考書を買うか**を検討します。

このとき、いきなり本屋さんに行って選ぶのではなく、必ず事前に下調べをすることが大切です。

- 志望校の合格体験記を読み、複数の合格者が共通して使っていた参考書を選ぶ
- 先生や先輩《せんぱい》、勉強の得意な友だちに参考書を買う目的を伝え、おすすめを教えてもらう
- インターネットやSNSで検索《けんさく》し、複数の人からおすすめされている参考書を選ぶ

●Amazonなどのネット書店でレビュー件数と★の数がともに高い参考書を選ぶ

といった方法で、どの参考書にするかを決めましょう。

特に受験勉強用の参考書を買う場合は、合格者がおすすめしているものを使うことが本当に大切です。多くの合格者が使っていたということは、その参考書にしっかり取り組めばその学校への合格率が上がると考えられるからです。

STEP③ 最後まで迷ったらフィーリングで決める

ここまで調べてみて、複数の候補が出てしまうことがあると思います。いろいろな出版社からすばらしい参考書が刊行されているので、迷ってしまうのも当然です。

しっかり下調べをしたうえでいくつかの候補で迷う場合は、実際に手にしてみて、

「こっちのほうがごきげんに勉強できそう！」と感じたほうを選べばＯＫ。お気に入りの参考書を使えば、勉強のモチベーションも自然とアップします。

もし使ってみて合わなければ、そのときになってから**ほかの候補の参考書を買い直す**というのも手です。もちろんお金のかかることなので軽々しく買い換《か》えることはおすすめできませんが、必ずしも一発で自分にぴったりの参考書を選べなくても、トライ＆エラーで自分に合ったものを見つけていけるといいですね。

参考書の使い方

教えてもらったステップに沿って参考書を選んでみたよ！
とりあえずこれを解きまくったらいいのかな？

参考書の使い方には大事なポイントがあります。
これをおさえてからスタートしましょう！

最初に「目次」と「本書の使い方」をチェック！

参考書を買ってきたら、最初にチェックしてほしいところが2つあります。

1つは**「目次」**です。目次に軽く目を通すと、「この参考書ではこんなことをこんな順で学べるんだな」ということがわかります。このように全体を見通すことができると、勉強をスムーズに進められるようになります。

もう1つは冒頭《ぼうとう》のほうにある**「本書の使い方」**のページです。ここは見落としがちですが、「この参考書はこのように使うと効果的ですよ」「このマークはこういう意味ですよ」ということが詳《くわ》しく書かれていて、しっかり読んでから参考書を使いはじめれば勉強の効率もアップさせることができます。

同時に使っていいのは1目的1冊まで！

さまざまな参考書に取り組むのは素晴《すば》らしいことですが、**同時に使っていい参考書は「1目的につき1冊」**です。

たとえば複数の英単語帳を同時に進めたり、同じような数学の問題集を同時期に何冊も解いたりしようとすると、重複が生まれてしまって非効率になり、「なにがなんだかわからない……」とこなしきれなくなってしまうこともあります。そうならないために、同時に進める参考書は1目的につき1冊までにしましょう。

もちろん、「英単語帳を1冊、英語長文問題集を1冊……」のように、目的の違う参考書であれば、同じ教科や科目でも同時期に使ってかまいません。また、「はじめに数学の基礎《きそ》問題集を解いて、それができるようになったら新たな応用問題集を使う」というように、レベルに合わせて使う参考書をステップアップしていくこともちろんOKです。

「○×ろ過勉強法」で解けない問題をゼロに！

参考書を1周だけして満足してしまっている……という人、いませんか？

じつは、**基本的に参考書というのは、何周もすることでその内容を身につけていくものです**。ひととおり読んだり解いたりするだけでは、すべての知識を吸収するのは難しいからです。

とはいえ、機械的に何周もくり返し読んだり解いたりすればいいというわけではありません。次のようなやり方でくり返すことで、効率よく学力をアップさせましょう。

1周目：すべての問題を解き、解けたものに○、解けなかったものに×、怪《あや》しかったものや惜《お》しかったものに△の印をつける

2周目：1周目に×と△の印をつけた問題だけを解き、同様に○×△の印をつける
（このとき、1周目とは違《ちが》う色のペンで印をつけると、いつの印なのかを区別することができます）

3周目：2周目に×と△の印をつけた問題だけを解き、同様に○×△の印をつける
（同様に、1～2周目とは違《ちが》う色のペンで印をつける）

このようにしていくと、だんだんと×と△のついた問題が**「ろ過」**されるように減っていき、最終的にはその参考書に載《の》っているほとんどの問題を解けるようになります。わたしはこの方法を**「○×ろ過勉強法」**と呼んでいるのですが、あらゆる参考書のベースとなる使い方なので、まずはこれを覚えておいてくださいね。

「○×ろ過勉強法」

①1周目

問題を解き、合っていたものには○、間《ま》違《ちが》えてしまったものには×、怪《あや》しかったものや惜《お》しかったものには△の印をつける

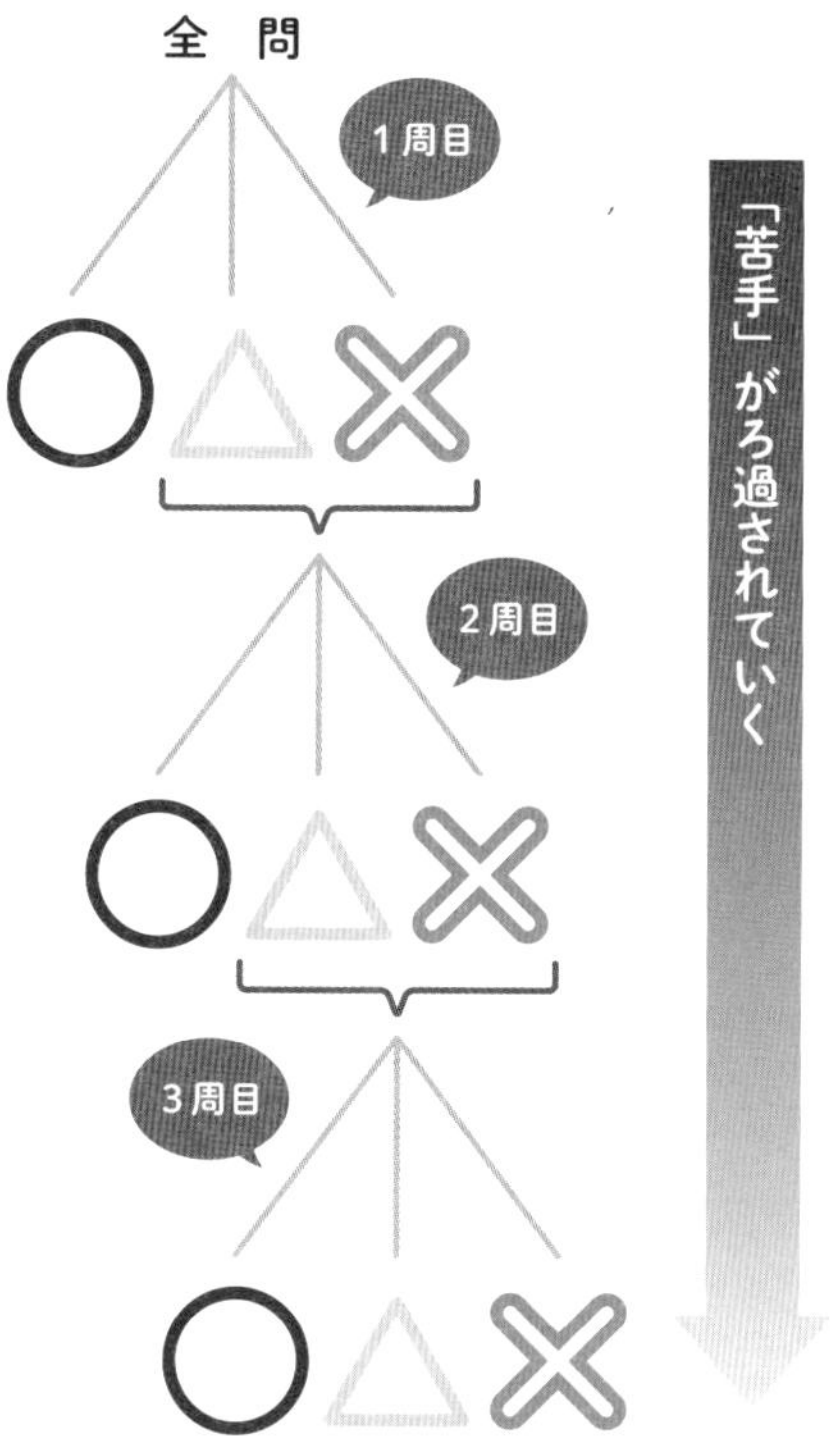

②2周目

×と△の印のついた問題だけを解き、同じように印をつける

1周目と違《ちが》う色のペンで印をつけると何周目の結果なのかわかりやすくなる

③3周目

2周目に×と△の印をつけた問題だけを解き、同じように印をつける

1、2周目と違《ちが》う色のペンで印をつけると何周目の結果なのかわかりやすくなる

第4章

勉強上手さんになろう！

やる気と効率がアップする勉強道具活用術

勉強を楽しく効率的にできる道具は、文房具や参考書だけではありません。身のまわりのものを工夫《くふう》することでも、勉強上手さんになることができます。この章では、やる気・暗記力が上がる勉強道具術と、集中力が上がる勉強環境《かんきょう》術をご紹介《しょうかい》します。

やる気が上がる勉強道具術

勉強しなきゃと思うけど、なかなかやる気が出ないんだよなぁ……。

暗記しないといけないことがいっぱいあるのに、がんばっても全然覚えられない……。

やる気や集中力、暗記力は勉強道具の工夫《くふう》でアップさせることができちゃいますよ！

ちょっとした勉強道具を買ったり手作りしたりするだけで、やる気を高めて楽しく勉強することができるようになります。

ここでは、**おすすめのやる気アップ勉強道具術**をご紹介《しょうかい》します。どれも100円ショップなどで手に入る身近な材料ばかりなので、気になるものがあればぜひ試《ため》してみてくださいね。

ごほうび作戦で楽しく勉強できる「ポイントカード」

お店のポイントカードのようなカードを手作りし、自分で決めた条件に応じてポイントを貯《た》めて、貯《た》まったポイントとごほうびを交換《こうかん》する楽しい勉強法です。

材料

- 画用紙
- ペン
- スタンプまたはシール

やり方

1 好きな色の画用紙を名刺《めいし》サイズくらいに切る
2 ポイントのマス目を書く
3 ポイントの条件を決める（例「1時間勉強したら1ポイント」「ドリルを1ページ解いたら1ポイント」など）
4 ごほうびを決めて書き込《こ》む（例「10ポイントで100円ぶんのお菓子《かし》と交換《こうかん》」「30ポイントでマンガ1冊と交換《こうかん》」など）
5 勉強スタート！　条件を満たしたらスタンプまたはシールでポイントを貯《た》める
6 貯《た》まったポイントとごほうびを交換《こうかん》する

がんばりが見える化される「ビーズ貯金」

勉強時間や勉強量に応じてビンにきれいなビーズを入れていくことで、がんばりが見える化されてモチベーションにつなげることができる方法です。ＳＮＳ映えもするので、勉強垢《あか》（勉強用アカウント）でシェアするのも楽しいかも。

材料

●ビン（自分のテンションの上がる、少しおしゃれなものだと◎。あまり大きすぎないものを選びましょう）

●ビーズまたはビー玉（いろいろな色や種類を用意するのがおすすめ）

やり方

1 ビーズを貯《た》める条件を決める（例「1時間勉強したら1つ」「ドリルを1ページ解いたら1つ」など）

2 勉強スタート！　条件を満たしたらビーズをビンに入れる

ビンに線を書いておき、「この線を越《こ》えたらごほうび」などと決めるのも楽しいでしょう。

ちょっとアレンジした方法として、ビーズではなく小銭《こぜに》を貯《た》めるのもおすすめ。勉強するほどおこづかいが貯《た》まるので、一定以上勉強したらそのお金で好きなものをごほうびとして買うのもいいと思います。

勉強習慣が身につく「ハビットトラッカー」

習慣にしたいことを書いておき、達成できたら印をつけていきます。勉強以外にも使えるので、社会人でも自己管理のために実践《じっせん》している人が多い方法です。

材料

- ノートまたは手帳
- ペン

●マーカー

やり方

1 習慣にしたいことをリストアップする
（例「毎日机に向かう」「毎日ドリルを1ページ解く」など）

2 ノートの縦軸《たてじく》に1でリストアップしたことを書き込《こ》む

3 ノートの横軸《よこじく》に日付を書き込《こ》む

4 一日の終わりに、達成できた項目にマーカーで印をつける（ペンで〇×を書いてもOK）

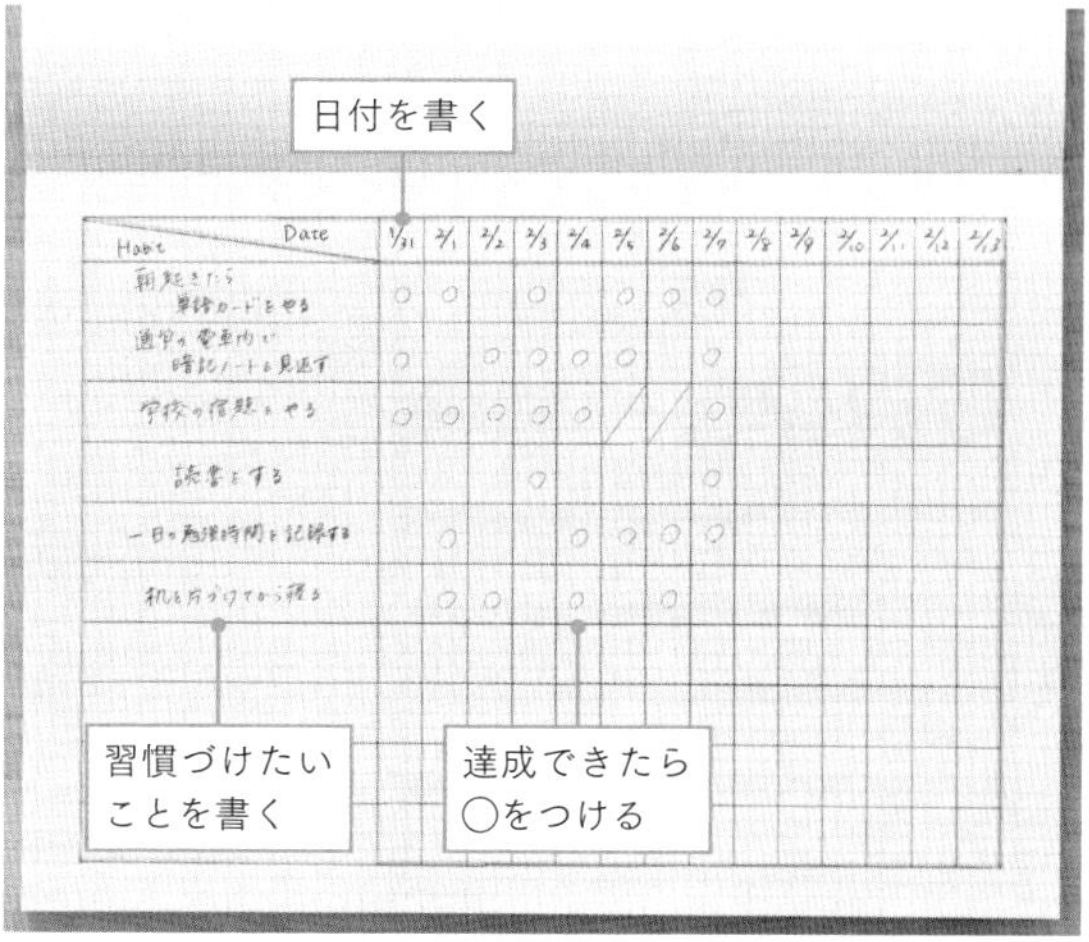

マーカーで印をつける場合は、ペン先が丸くなっている「マルライナー」が使いやすくておすすめです。見た目もかわいいので、好きな色を何色か用意するのもいいでしょう。

カレンダーポケットで作る「大型ハビットトラッカー」

小学生のお子さんや、習慣にしたいことが1つだけあるという人には、100円ショップで買えるカレンダーポケットとデコレーションリボンを使って大きなハビットトラッカーを作るのもおすすめです。

材料

- カレンダーポケット
- デコレーションリボン

やり方

1 カレンダーポケットに曜日や月のラベルをセットする

2 習慣にしたいことを1つ決める
（例「勉強する」「筋トレする」など）

3 達成できた日は、その日のポケットにリボンを入れる

1カ月の終わりにリボンの数を数えて、達成度をチェックしてみるといいでしょう。達成度に応じてごほうびを用意するのも楽しいかもしれません。

努力のぶんだけ長くなる「スタディーロード」

わたしが大学受験生時代に思いついた謎《なぞ》の勉強法です。「勉強したぶんだけ部屋の中に『万里《ばんり》の長城《ちょうじょう》』みたいな道がどんどん延びていったら、がんばりが目に見えるようになってモチベーションが上がるのでは?」という発想から生まれました。

材料

● 方眼《ほうがん》の入ったノート

●デコレーションテープ
●ペン

やり方

1 方眼《ほうがん》ノートを5センチ程度の幅《はば》に切り、細長い短冊状にする
2 短冊の端《はし》にスタート地点となる「0」を書き、そこから5マスくらいごとに「5」「10」「15」……と数字を書き込《こ》む
3 部屋の壁《かべ》に短冊を貼《は》る
4 1時間勉強するごとに1マス、デコレーションテープを引く（カラーペンでマス目を塗《ぬ》りつぶすのでもOK）
5 ノートの端《はし》まで来たら、新たな短冊をつないで同じことを行う
6 どんどん短冊をつなげていき、部屋の中に長い道をつくっていく

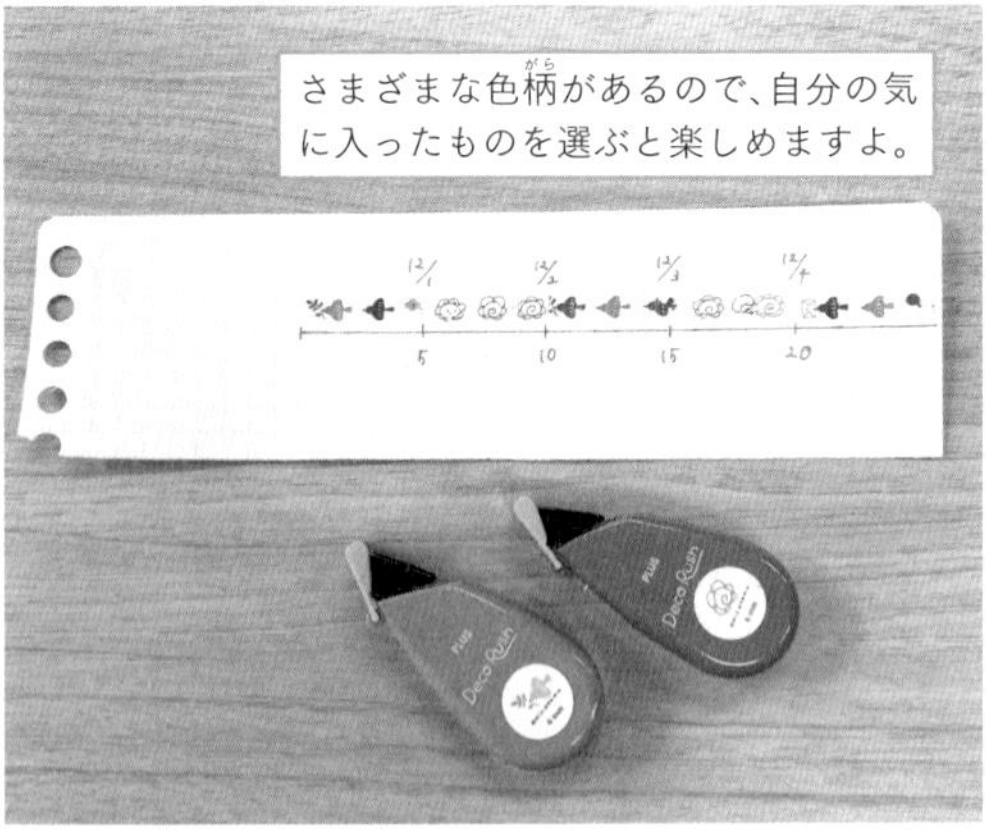
さまざまな色柄《がら》があるので、自分の気に入ったものを選ぶと楽しめますよ。

わたしが使っていたのは、大好きなスヌーピーの柄《がら》の「デコラッシュ」です。

ホワイトボードでかわいく作る「やることリスト」

小さめのホワイトボードに今日のやることリストを書き、終わったものにかわいいマグネットで印をつけていく方法です。勉強以外にも、その日にやる予定のお手伝い内容などを書き込《こ》むのもいいでしょう。

材料

- 小さめのホワイトボード
- ホワイトボードマーカー
- マグネット（3〜10個程度）

やり方

1 ホワイトボードにその日のやるべきことを書き出し、各タスクの先頭に□を書いておく

2 達成したタスクの□にマグネットを貼《は》る

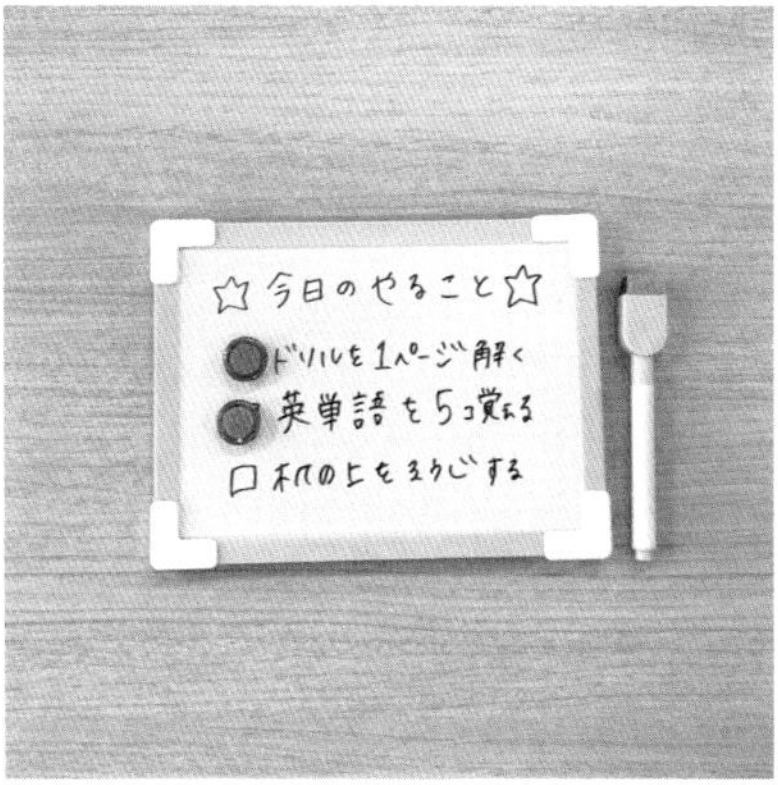

もちろんマーカーで□にチェック印を入れるだけでもいいのですが、かわいらしいマグネットを使うことで気分が上がりますよ。小学生から楽しめる方法です。

包装紙で作るおしゃれな「教材カバー」

「この教科書や参考書、なんとなく見た目がとっつきづらくて開く気になれない……」ということ、ありませんか？　そんなときにはお気に入りの包装紙を使って、自分だけのカバーをかけてしまいましょう。

材料

- カバーをかけたい教科書や参考書
- 包装紙
- （あれば）シール、ビニールカバー

やり方

1 教科書・参考書を用意し、そのサイズに合わせて包装紙を切ってカバーを作る
2 カバーをかける
3 （あれば）お気に入りのシールを貼《は》る
4 （あれば）ビニールカバーをかけて補強する

ビニールカバーは文具店や１００円ショップでも購入《こうにゅう》できます。水や汚《よご》れに強くなるので、頻繁《ひんぱん》に使う教材の場合はかけておくのがおすすめ。ただし、包装紙のカバーの上からだとサイズが合わなくなる場合があるので、その際にはビニールカバーの一部を切り開いてから、あとで透明《とうめい》テープで貼《は》り付け直すようにしましょう。

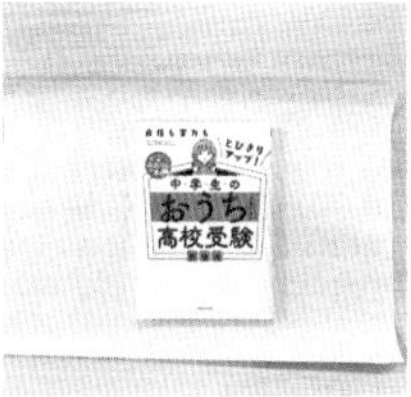

❶本のサイズに合わせて包装紙を切る

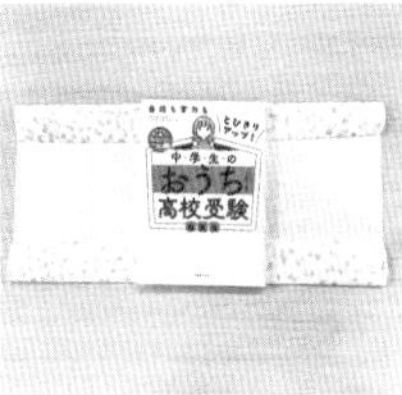

❷上下を折る

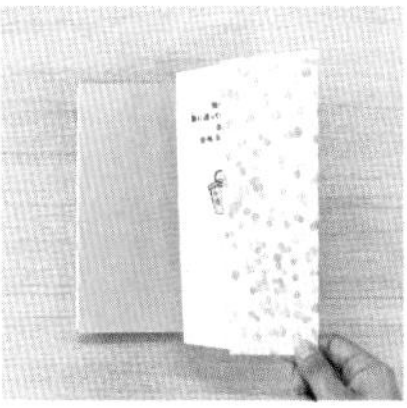
❸本を包むように紙を折り曲げ、はみ出た部分をはさみ込《こ》む

❹完成！

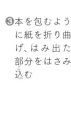

シールで教科書やノートをデコレーション

「包装紙カバーをかけるほどではないけれど、ちょっとテンションを上げたいな」というときには、好きなシールを貼《は》るだけでも気分をアップさせることができますよ。

材料

- 教科書やノート
- シール

やり方

教科書やノートを用意し、好きなシールを貼《は》る

絵をかくのが得意な人は、ノートの表紙に好きな絵をかいてデコレーションするのもいいですよね。世界に一冊の、自分だけのノートで勉強することで、ちょっとした特別感を味わえるかもしれません。

本番までの緊張感《きんちょうかん》を保つ「カウントダウンボード」

受験生やテスト勉強中の人には、試験当日までのカウントダウンをして気持ちを高めるのがおすすめです。市販《しはん》のおしゃれなカウントダウンボードを使うのもいいでしょう。ここでは手作りする方法をご紹介《しょうかい》しますね。

材料

- コルクボード
- 画びょう
- 少し大きめ（8センチ×5センチくらいの大きさ）の単語カード20枚
- ペン

やり方

1 単語カード一枚一枚に「0」「1」「2」……「9」

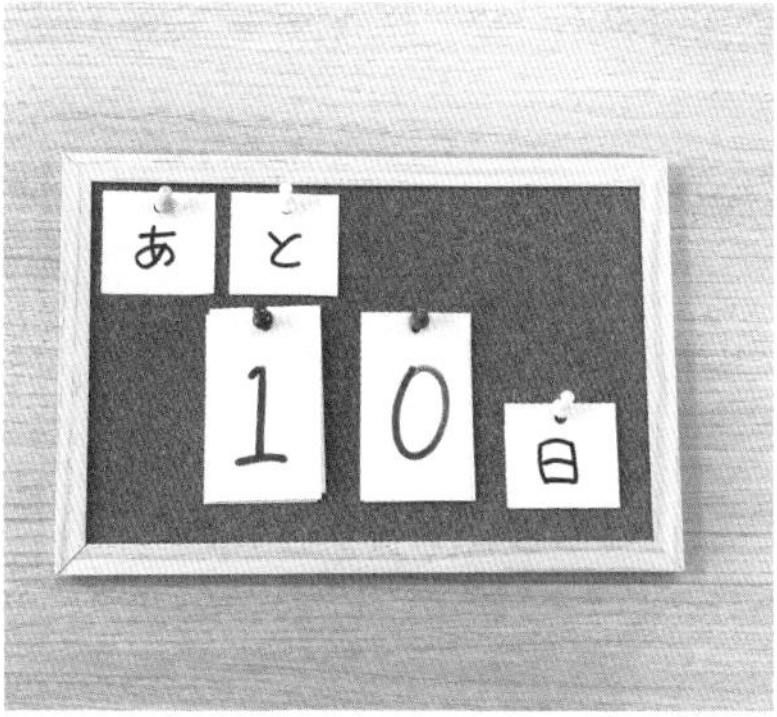

と数字を書き込み、これを2セット用意する（計20枚）

2 1セットずつ束ね、カードの穴の部分に画びょうを刺《さ》してカウントダウンボードにぶらさげる

3 当日までの日数に合わせて、毎日カードを入れ替《か》える（例 あと20日なら「2」と「0」をいちばん上にして貼《は》る）

好きなメモ用紙などを用意して目標点や志望校を書き、あわせて貼《は》っておくのもおすすめです。

集中力が上がる勉強環境《かんきょう》術

家で勉強したいけれど、なかなか集中できない……という人も多いと思います。適切な勉強道具をそろえることで、快適な勉強環境《かんきょう》を整えていきましょう。

ここでは、**集中力がアップする勉強環境《かんきょう》の作り方**をご紹介《しょうかい》します。

部屋を集中できるレイアウトにする

自分の勉強部屋で勉強する場合は、**部屋のレイアウト**にも気を配るようにしましょう。

集中できる部屋のポイントは次の3つです。

机とベッドをなるべく離《はな》す

勉強中の誘惑《ゆうわく》といえば、代表的なのはお布団ですよね。机とベッドが近すぎる位置にあると、ついつい勉強を放り出してベッドにダイブしたくなってしまうものです。

部屋の広さの限界はあると思いますが、**机とベッドはなるべく離《はな》して置く**のがおすすめ。少し距離《きょり》があるだけで、「気づいたら布団の中にいた」ということを防げます。

机は冷気のこない場所に置く

勉強机が窓際など冷気の入りやすいところにあると、冬場は特に寒さで勉強に集中できなくなってしまいます。

勉強中は**「頭寒足熱《ずかんそくねつ》」**を意識し、足もとは温かくしておきたいところ。**机はなるべく冷気のこないところに配置する**ようにし、それが難しい場合はブランケットや電気毛布、足温器などを使うようにしましょう。

よく使う参考書は手の届きやすいところに置く

使いたい教材が離《はな》れた場所にあると、わざわざ立ち上がってそれを取りに行かなければならなくなってしまいます。

一度立ち上がると、途中《とちゅう》でベッドにもぐりたくなってしまったり、ほかの誘惑《ゆうわく》となるものが目に入って勉強の集中が途切《とぎ》れてしまったりといったことが起こりがち。集中モードをキープするためには、**よく使う参考書は机の上の棚《たな》やすぐ横の棚《たな》など、座ったまま取れる位置に置く**のがおすすめです。

机の上に置いていいもの・ダメなもの

「机の上に置いていいもの、置いてはいけないものはありますか？」とフォロワーさんからよく質問をいただきます。

基本のルールは、**「そのときの勉強に使うもの以外は置かない」**です。誘惑《ゆうわく》になりうるスマホやゲーム、マンガなどは視界に入らないようにしましょう。また、いまやっている勉強以外の教科書やノートも、できればどこかにしまっておくのがおすすめ。「数学の課題のことが気になって、目の前の英単語の勉強が入ってこない」といったこともあるからです。

教材以外で机の上に置いておくものとしては、次のようなものが挙げられます。

- 目標を書いた紙
- デスクライト
- 時計・学習タイマー
- ペンケースまたはペン立て
- （お好みで）Bluetoothスピーカー、アロマ、飲みもの、ちょっとしたお菓子《かし》などここからは、それぞれ詳《くわ》しくご紹介《しょうかい》します。

目標を貼《は》ってやる気をキープ

わたしは学生時代も社会人となったいまも、**机の周りには自分の目標を書いた紙を貼《は》るようにしています。**

自分で書いた目標宣言が常に目に入る位置にあると、普段《ふだん》からその目標を意識しやすくなり、「そうだ、自分はこのためにがんばっているんだ!」とモチベーションを保てるようになります。目標は「〇〇高校に合格する!」のような**長期目標**と、「直近の定期テストで〇〇点をとる」「11月は毎日3時間勉強する」のような**短期目標**の両方を書いておくといいでしょう。

勉強に適したデスクライトを選ぶ

集中しやすい環境《かんきょう》を作るためには、**照明選び**も大切です。

机で勉強していると眠くなってしまうという人は、照明の色が原因の可能性もあります。**勉強や作業に集中しやすいといわれている「昼光色」（太陽光に近い白色）の電球**を試《ため》してみるといいかもしれません。好みもあるので、自分の気に入ったライトを選ぶようにしましょう。

時計・タイマーで時間を意識

勉強中に「時間」を意識するだけでも、格段に集中力が上がります。「この時間内にこれをやるぞ」という気持ちが生まれるので、だらだらと中身のない勉強時間を過ごすことがなくなるのです。

わたしは小学生のころは勉強するときに常に時計を近くに置いて時間を確認するようにしたり、受験生時代はキッチンタイマーを駆使《くし》して時間を計りながら勉強したりしていました。いまは学習に特化した専用タイマーもたくさん販売《はんばい》されているので、お気に入りのものを見つけて時間を計りながら勉強するクセをつけてみてください（おすすめのタイマーは第1章でご紹介《しょうかい》したので、参考にしてみてくださいね）。

BGMを上手に使う

音楽で集中力やテンションをアップさせるのもおすすめです。わたしはよくアップテンポの曲で気持ちを高めています。

「勉強中に音楽を聴《き》くのはダメですか？」というご質問も多いのですが、これは**その**

人のタイプやそのときのコンディションによって変わります。音楽をかけてみて、「メロディーや歌詞に意識が行ってしまって、目の前の勉強内容が入ってこない」というときは音楽は止めたほうが正解。逆に、「目の前の勉強内容がちゃんと頭に入ってきている」というときは音楽はかけたままでいいでしょう。歌詞が気になりやすいという人は、歌詞のないクラシック音楽や、カフェの音や雨の音などの環境音《かんきょう》を流すのも手です。

ＢＧＭを流すときには、スマホを使うとついついＬＩＮＥやＳＮＳまでチェックしたくなってしまうことがあるので、**Bluetoothスピーカーなど音楽専用のデバイスを使う**のがおすすめです。

アロマで勉強スイッチをＯＮ！

香りを使って自分の勉強スイッチをＯＮにするというのも効果的です。

好きな香りのアロマを選んで、「この香りをかいだら勉強モードに入る」とルーティン化してしまえば、そのアロマをたいたり垂らしたりするだけで毎回集中力を上げることができます。特に次のような香りが勉強に向いているといわれています。

- **ローズマリー**
  集中力・記憶《きおく》力のアップにつながる
- **レモンやグレープフルーツ、オレンジなどの柑橘《かんきつけい》系**
  気分をリフレッシュし、やる気や集中力のアップにつながる
- **ユーカリ**
  気分を落ち着かせ、集中力のアップにつながる
- **ペパーミントやスペアミントなどのミント系**
  爽快感《そうかいかん》のある香りで、眠気《ねむけ》覚ましに役立つ

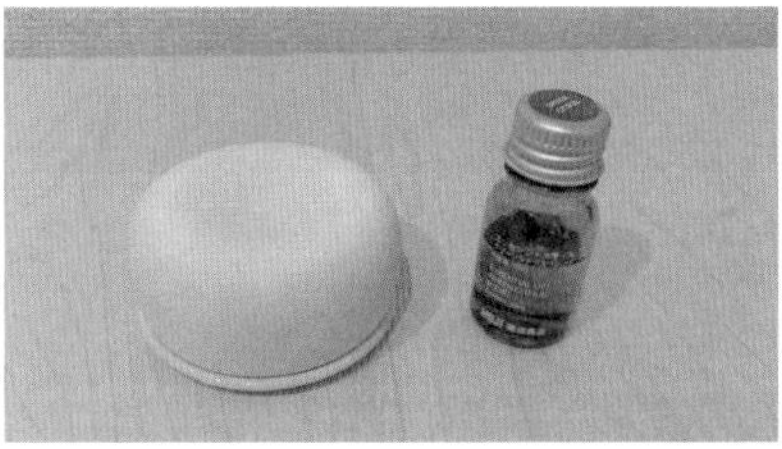

自分の好みに合うことが第一なので、お店でいろいろな香りを比べて選ぶといいでしょう。ちなみにわたしは、無印良品のアロマストーンとシトラス系のアロマを使って頭を作

業モードにしています。

おいしい飲みものやお菓子《かし》を「勉強のお供」に

集中しながら楽しく勉強するために、**お気に入りのドリンクやお菓子《かし》を手もとに置いておく**のもいいでしょう。わたしは勉強や仕事をするときには、だいたいいつもコーヒーか紅茶か水を用意しています。

勉強のお供に選ぶ飲みものとしては、次のようなものがおすすめです。

- **コーヒー**
  眠気覚《ねむけ》ましの効果があるカフェインが含《ふく》まれる
- **紅茶**
  眠気覚《ねむけ》ましの効果があるカフェインが含《ふく》まれる

●**緑茶・ほうじ茶**
コーヒーや紅茶に比べてカフェインが少ないので、寝る前の勉強にも◎
●**炭酸水**
炭酸の刺激《しげき》が眠気覚《ねむけ》ましに。凍《こお》らせたレモンを入れても◎
●**ココア**
集中力アップやストレス緩和《かんわ》効果があるといわれている。糖分補給にも◎
●**梅白湯《さゆ》**（梅干し入りの白湯《さゆ》）
低カロリーでお腹に溜《た》まるので、夜の勉強にも◎

お菓子《かし》は、「手に付かないもの」「あまりごみが出ないもの」を選ぶといいでしょう。粉などが手に付いてしまうと、手を洗うために一度勉強を中断しなければならず、集中が途《と》切《ぎ》れてしまいます。また、ごみも頻繁《ひんぱん》に出るものだと捨てに行く必要があるので、できるだけ避《さ》けられるとベストです。

わたしのフォロワーさんでは、**森永ラムネ**を勉強のお供にしている人も多いです。適度に糖分補給ができ、机の上で面積をとらないのが人気の秘訣《ひけつ》のようです。

暗記力が上がる勉強道具術

じつは勉強道具を工夫《くふう》すると、暗記力も伸ばすことができるんです。暗記法には本当にいろいろなものがありますが、ここでは文房具を効果的に使うことができる、

- **単語カード暗記法**
- **赤シート暗記法**
- **壁ペタ暗記法**

の3つの方法について詳《くわ》しくご紹介《しょうかい》します。

「単語カード暗記法」に使える文房具

「単語カード暗記法」とは？

単語カード暗記法は、その名のとおり**単語カードを使って覚える方法**です。英単語や古文単語はもちろん、理科や社会の用語を覚えるのにも使えます（ここでは英単語を例にご紹介《しょうかい》します）。

やり方は、まず表面に覚えたい英単語を書き、裏面《うら》にその日本語訳を書きます。そして表面の英語を見たら日本語訳を頭のなかに浮《う》かべ、カードをめくってその答えと合っているかを確認《かくにん》します。これを何度かくり返したら、今度は裏面《うら》の日本語訳を見て英単語を答え、カードをめくって確認《かくにん》します。

覚えたカードはどんどん外していき、残ったカードが0枚になるまでくり返しましょう。

単語カード暗記法に使えるおすすめ商品

普通《ふつう》の単語カードを使ってもいいのですが、ここでは特徴《とくちょう》的《てき》なおすすめ商品をいくつかご紹介《しょうかい》します。

リングの部分が金属ではなく伸《の》び縮みするバンドになっていて便利！

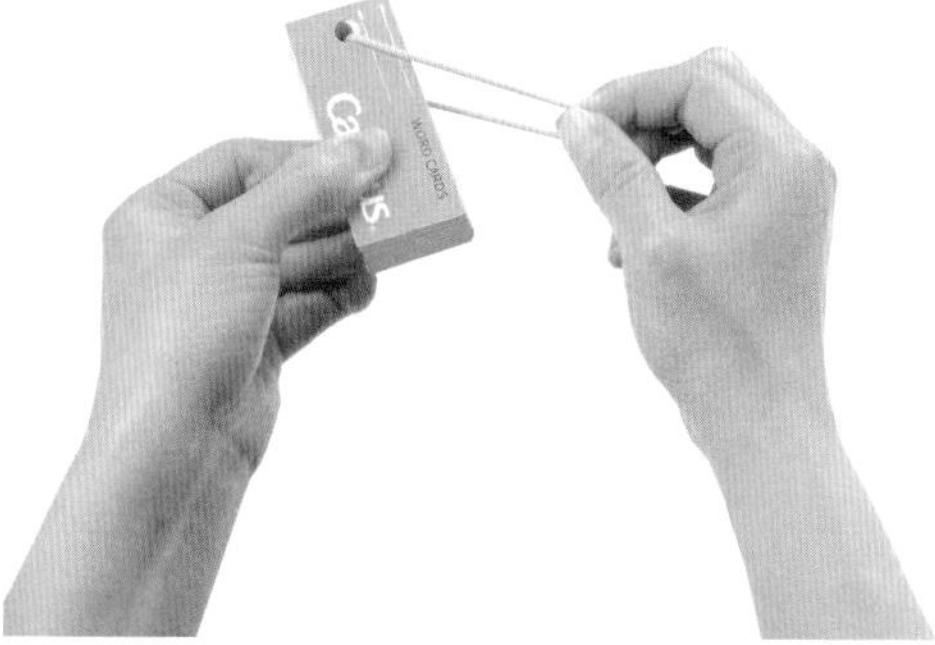

Product name:

キャンパス バンドでまとまる単語カード

Maker: **コクヨ**　　Price: **198円**

使わないときはバンドでカードを束ねておくことができるので、輪ゴムを持ち歩かなくてもカードが広がらずに持ち歩くことができます。

カードを追加したり入れ替えたりするときには、一般的な単語カードと同じく綴《と》じ部を開けばOK。デザインもシンプルで使いやすい商品です。

Product name:

ワンハンド単語カード

Maker: **クツワ**

Price: **（小）330円**
（大）385円

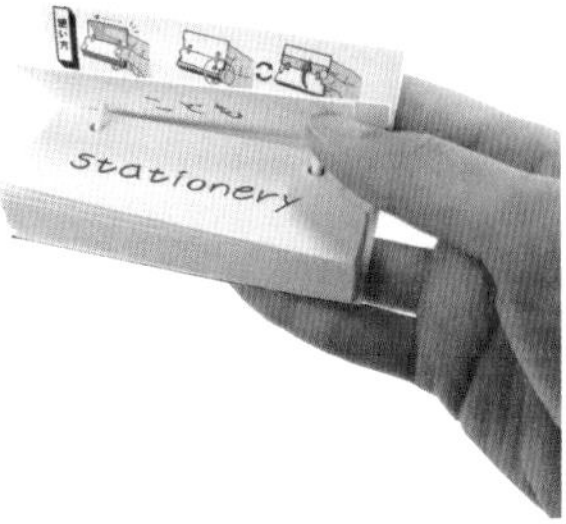

特徴的なカードの形と表紙のポケットにより、片手でめくって使えるように工夫されたアイディア商品。右手でも左手でも使うことができます。
満員電車で勉強するときや、もう片方の手にペンやスマホを持っているときでも使えるのでとても便利です。

Product name:

風呂単（ふろたん）

Maker: **クツワ** Price: **275円**

濡《ぬ》れても使える耐水ペーパーが使用されており、お風呂の中でも使うことができる単語カードです。水に濡《ぬ》らすとお風呂の壁に貼り付けることもできます。鉛筆、シャーペン、油性ペンで書くことができ、鉛筆で書いた場合は濡《ぬ》れたあとでも消すことが可能。お風呂時間を有効活用したい人におすすめです。

Product name:

色で覚える単語帳

Maker: **泰明グラフィックス**

Price: **1,160円**

20色のカードを3枚ずつ綴《と》じた、カラフルな単語カードです。単語を覚える際、スペルだけでなくカードの色も情報として頭に入ってくるので、たとえば「stationeryはたしか水色のカードで覚えた、『文具』という意味だ」と思い出すとっかかりを作ることができます。

Product name:

スマ単

Maker: **ぺんてる** Price: **495円**

アプリと連携することで、スマホで単語学習ができるようになる商品です。専用の紙のノートに単語を手で書き、アプリで撮影すると、スマホ上にオリジナルの単語カードが完成します。

苦手な箇所は自動でグラフ化してくれるので、紙のカード以上に効率的に勉強することが可能。すべてアプリで行うのではなく手書きする工程があるので、より覚えやすい仕組みになっています。

「赤シート暗記法」に使える文房具

「赤シート暗記法」とは？

赤シート暗記法は、**覚えたいところを赤シートで隠《かく》して答える方法**です。個人的にはいちばん効果を感じている暗記法で、わたしは中学生のころからいままで最もよく実践《じっせん》しています。

覚えたいところの隠《かく》し方は主に2つあります。

1つは、**オレンジ色もしくは薄《うす》いピンク色のペンで覚えたい言葉を書く方法**。赤シートをかぶせると、オレンジまたはピンクで書いた文字が見えなくなります。

もう1つは、**教科書やノートに書いてある文字のうち、覚えたいところに緑色もしくは青色のマーカーを引く方法**。赤シートをかぶせると、マーカーで塗《ぬ》りつぶされたところが黒く見えるようになります。ちなみに、赤色やピンク色のマーカーを引いて、緑シートで隠《かく》す方法もあります。

わたしは写真のような手のひらサイズのバインダーを用意し、覚えたいことをオレンジ色のペンで書いたリフィルと赤シートを綴《と》じて**自分専用の暗記ノート**を作っていました。模試の前や入試の前にはこれを何度も読み返し、自分の苦手を克服《こくふく》するようにしていました。

赤シート暗記法に使える おすすめ商品

赤シート暗記法は、赤シートと、赤シートで隠《かく》れる色のペンまたはマーカーがあればすぐにできます。ここでは、特におすすめの商品をいくつかご紹介《しょうかい》します。

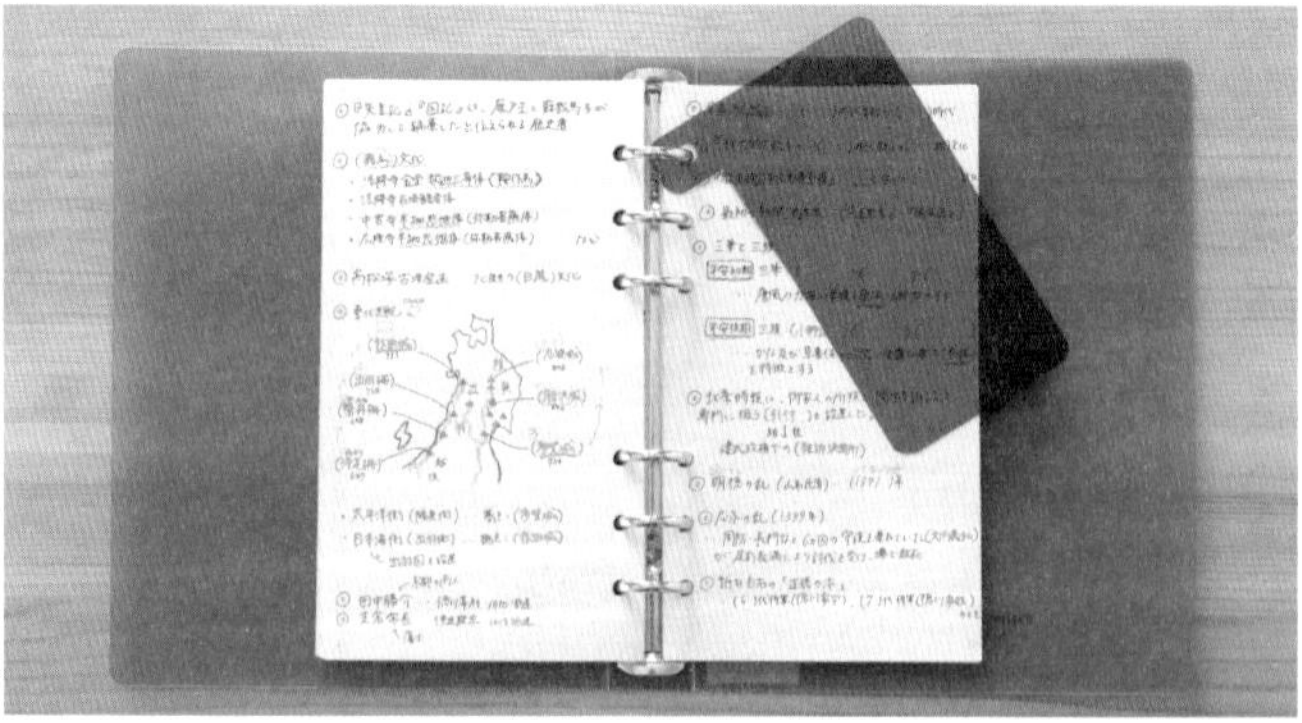

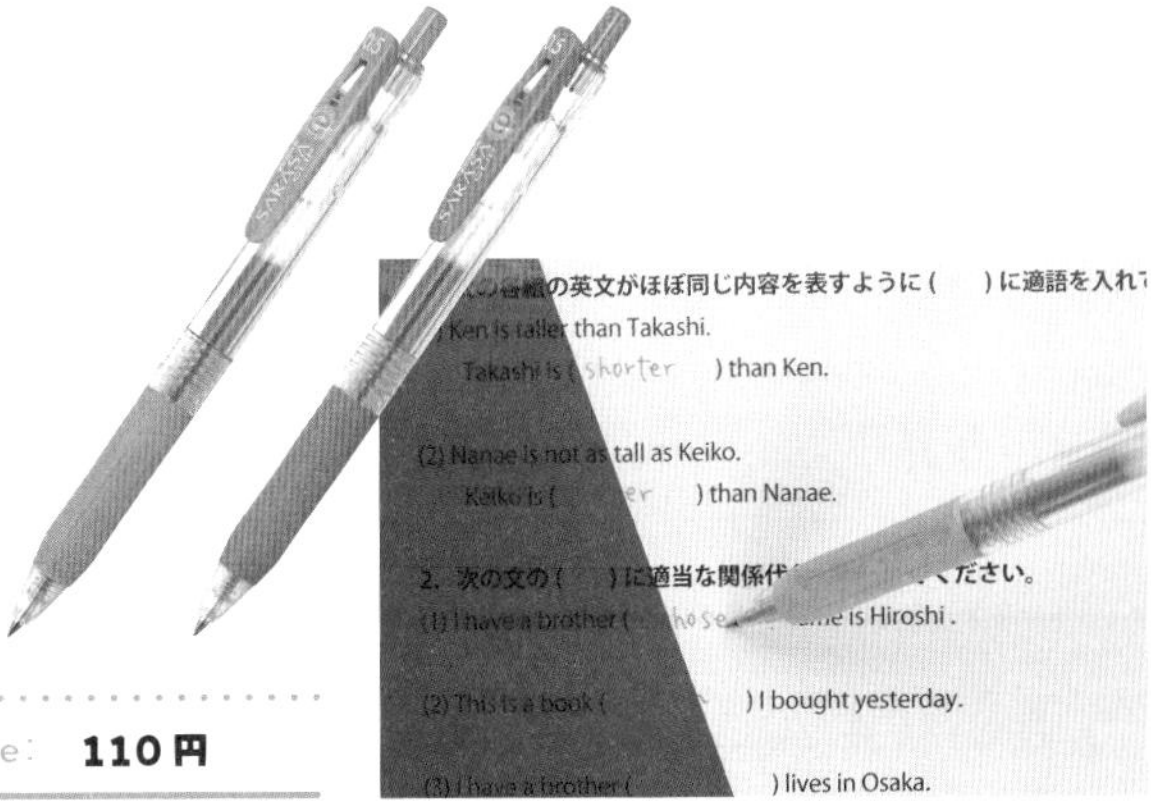

Product name:

サラサクリップ

Maker:　**ゼブラ**　　Price:　**110円**

わたしは赤シート暗記をするときには、昔からサラサクリップの「黄色」または「レッドオレンジ」を使っています。どちらもシートできれいに隠すことができます。ほかに、「オレンジ」「ピンク」も赤シートで隠れるカラーです。

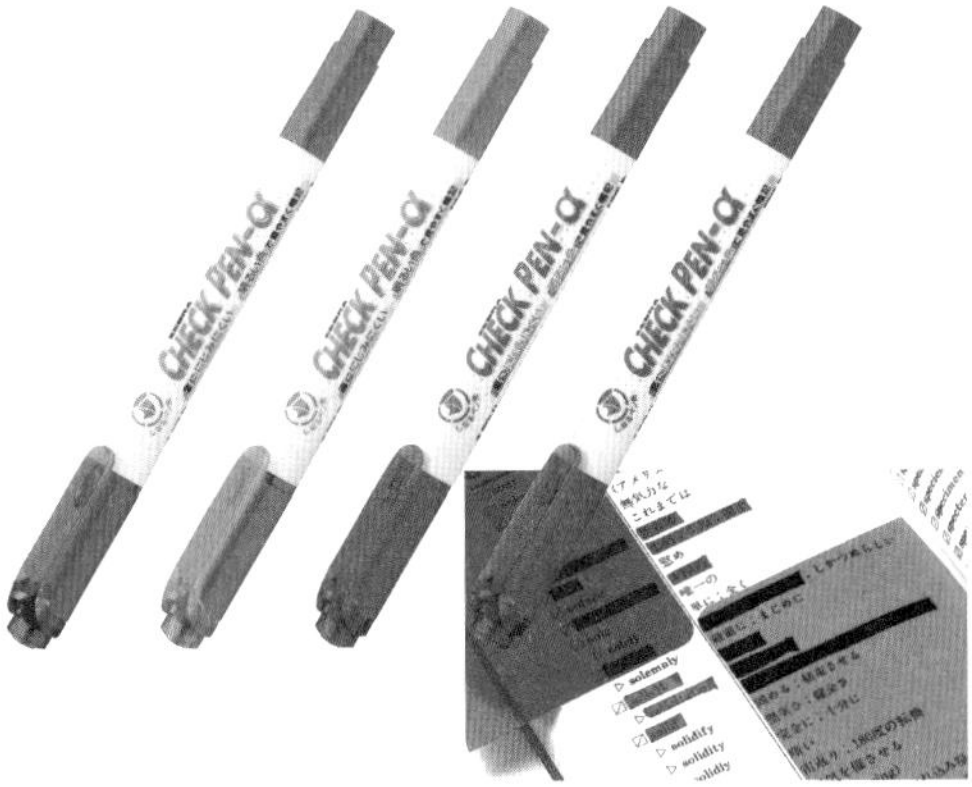

Product name:

チェックペン-アルファ

Maker:　**ゼブラ**　　Price:　**165円**

全4色の人気暗記マーカー。青・緑は赤シートで、赤・ピンクは緑シートで隠すことができます。

ペン先がしなるので線がとても引きやすく、色が鮮やかで明るいので、マーカーを引いた文字も読みにくくならないのが特長です。裏写りもしづらく、非常に使い勝手のいい暗記マーカーです。

Product name:

チェックル

Maker: **コクヨ**　Price: **440円**

片方のペン先に緑または青の「塗って覚える」マーカー、もう片方のペン先にオレンジまたはピンクの「書いて覚える」細ペンがついた、便利な暗記ペンです。

緑のマーカーは専用の「暗記用消しペン」できれいに消すことができるため、覚えたところをもとの状態に戻したり、間違えてマーキングしてしまったところを修正したりすることができて便利です。

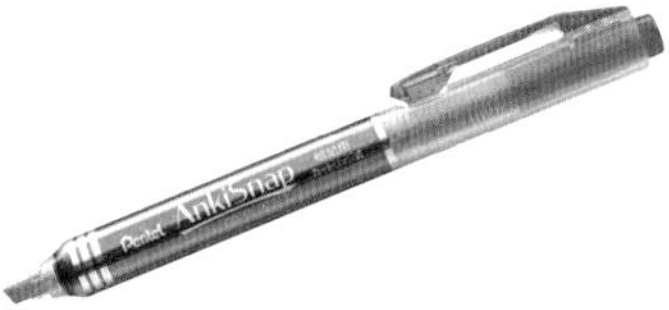

Product name:

アンキスナップ マーカータイプ

Maker: **ぺんてる**　Price: **495円**

スマホと連動して使える暗記マーカー。専用のオレンジ色マーカーで覚えたいところをマーキングし、アプリで撮影すると、マーキングしたところがアプリ上で黒くマスキングされます。

マスキング部分はタップすると答えを見ることができ、暗記率をグラフ化することも可能。アプリ上で緑シートをかぶせて使うこともできる優れものです。

「壁《かべ》ペタ暗記法」に使える文房具

「壁《かべ》ペタ暗記法」とは？

第1章でもご紹介《しょうかい》しましたが、**壁《かべ》ペタ暗記法**は、**覚えたいことを紙やふせんに書いて壁《かべ》にペタッと貼《は》っておき、覚えたら剥《は》がす方法**です。

机の前に座って勉強モードに入らなくても、日常生活のふとした瞬間《しゅんかん》にふれることができるので自然と覚えやすくなります。

貼《は》る場所はどこでもOK。自分の部屋だけでなく、リビングやダイニング、トイレなどにも貼《は》っておくと、目につく機会が増えて効果的でしょう。

壁《かべ》ペタ暗記法に使えるおすすめ商品

覚えたいことは普通の紙やノートに書いてもいいのですが、**ふせん**を使うと貼《は》ったり剥《は》がしたりするのがより簡単になります。おすすめの商品を1つご紹介《しょうかい》しますね。

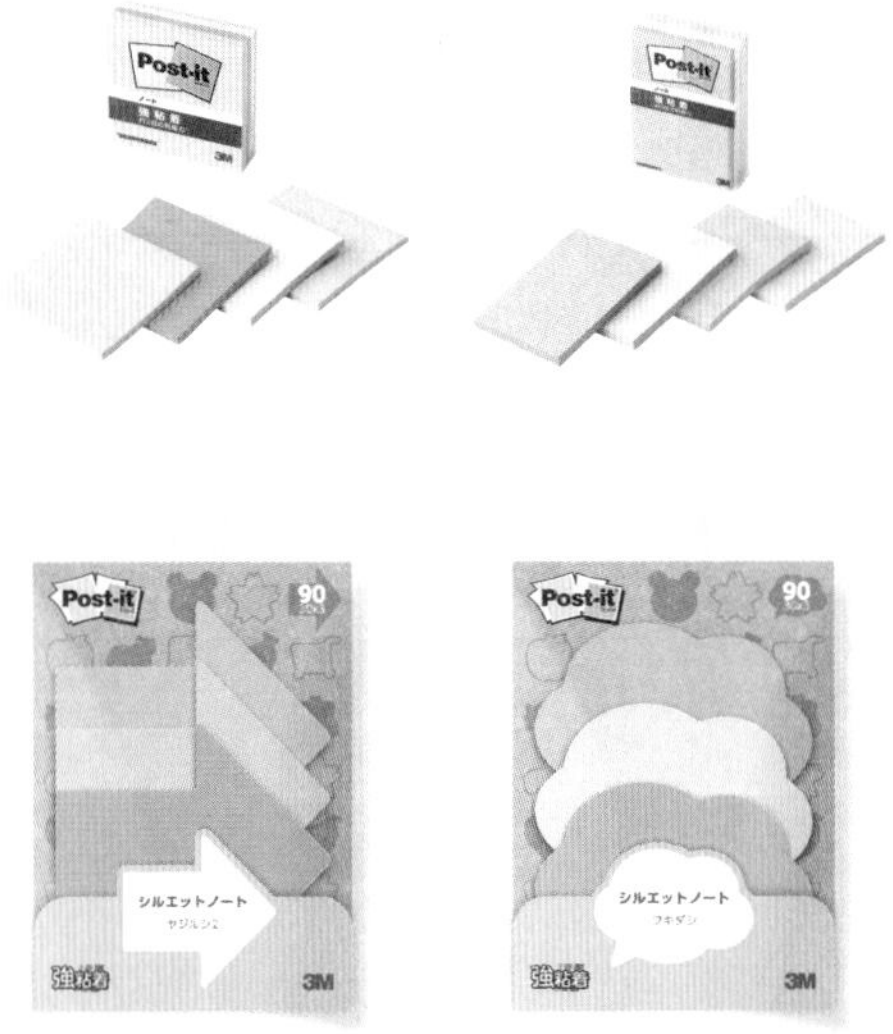

Product name:
強粘着《きょうねんちゃく》ポストイット

Maker: **スリーエム ジャパン**
Price: **（サイズ・タイプにより異なります）**

ふせんの定番といえばポストイットですが、こちらは粘着力が通常のポストイットの約2倍になっています。一般的なふせんではくっつきづらいところにもしっかり貼り付くので、壁ペタ暗記に最適です。

ただし、長期間貼ったままにしておくと壁にのりが残ってしまう可能性もあるので気をつけてくださいね。

第 5 章

効率よく片づけよう!

勉強道具の整理・収納術

すぐに机や部屋が散らかってしまう、ついつい文房具が増えすぎてしまう、学校のプリント整理に悩《なや》んでしまう……という悩《なや》みを抱えている人も多いと思います。この章では、文房具やプリント、使い終わった教科書やノートの整理・収納術を徹底《てってい》解説します。

机と部屋をきれいに保つ勉強道具の整理術

必要な勉強道具を買いそろえたのはいいけど、どこにどうやって片づけよう？

ぼくはいつも学校のプリントが整理できなくて散らばっちゃう……。

普段《ふだん》使う文房具や学校でもらうプリント、使い終わった教科書やノートなど、勉強道具の整理・収納の仕方にはいろいろ迷ってしまいますよね。わたしが実践《じっせん》している方法をご紹介《しょうかい》します！

勉強道具はどこになにをしまえばいい？

勉強道具にもペンやノート、ファイルなどいろいろな種類があるし、学校で使うもの、家で使うもの、塾《じゅく》で使うもの……など、シチュエーションによってもそれぞれいろいろな道具があって、どう整理・収納していいかわからなくなってしまいますよね。

まず、**「①いますぐ勉強に使うもの」「②たまに、もしくは今後勉強に使うもの」「③勉強には使わないもの」**はそれぞれしっかり分けて考えるようにしましょう。

①のうち、持ち歩きが必要なものはペンケースに、持ち歩く必要がないものは勉強机の手の届きやすいところに置きます。②はひきだしや棚《たな》に入れましょう。③は文房具ではあっても、勉強道具ではなくおもちゃや趣味《しゅみ》用品の部類なので、できれば勉強机から離《はな》して置くのがおすすめです。

具体的な収納ルールとしては、次のように考えるといいと思います。

- **メイン文房具**

↓ペンケース（学校用と塾《じゅく》用で分けてもＯＫ。自宅専用のものは必要ないので、学校や塾《じゅく》と同じものを使いましょう）

- **サブ文房具**

↓学校で使うものは学校のお道具箱、自宅で使うものは勉強机のひきだし

- **日々の勉強には使わない、趣味《しゅみ》やコレクション用のペン**

↓ペン立てかおもちゃ箱

- **よく使う参考書**

↓机の卓上棚《たくじょうだな》または机の隣《となり》の棚《たな》

- **ときどき使う参考書**

↓部屋の棚《たな》

- **予備（ストック）のペンやノート**

↓机のひきだしまたは部屋の棚《たな》

・**目標を書いた紙や勉強計画表**
↓机の卓上棚《たくじょうだな》または机の横の壁《かべ》（直接貼《は》っても、コルクボードやホワイトボードに貼《は》ってもOK）

ペンケースの整理術

メイン文房具を入れておくペンケース。次の5つのポイントをおさえると、中身を常にきれいに保つことができますよ。

①ペンや定規は大きなスペースに、小物は小さなスペースにしまう

ペンケースによっては、仕切りによって中がいくつかのスペースに分かれているものもありますよね。

大きいもの、細長いものは、いちばん大きなスペースに収納します。大きいスペースがいくつかある場合は、いちばんよく使うペンをいちばん取り出しやすいところに入れるようにしましょう。**それ以外の小物は、小さなスペースやポケットに収納します。**

このように大きさに合わせて収納することで、ペンケースの中で中身が必要以上に動かなくなり、必要な道具を取り出しやすくなります。スペースがいくつかある場合は、**「どこになにを入れるか」のルール**を決め、毎回それをしっかりと守るようにしましょう。

②ペンの向きをそろえておく

ペンの向きはなるべくそろえておくようにしましょう。

こうすると見た目がよくなるだけでなく、ペンケースから取り出してから文字を書く際に、目で見て確認しなくても「どこをノックすれば芯《しん》が出るか」「どこにキャップがついているか」がわかるので、結果的に勉強の効率アップにつながるのです。

③消しゴムはきれいにしてからしまう

消しゴムをペンケースに戻《もど》すときは、黒くなった表面をこすって白くしてからしまうのがおすすめです。

よく「ペンケースの中が汚《よご》れてしまう」というお悩《なや》み相談をいただくのですが、多くの場合は消しゴムについた黒い汚《よご》れがペンケースの内側に移ってしまっています。少し面倒《めんどう》ですが、汚《よご》れが気になる場合は消しゴムをきれいにしてから戻《もど》すクセをつけておくといいでしょう。

④ばらけやすいもの、汚《よご》れやすいものはなるべく入れない

「ふせんがペンケースの中でバラバラになってしまったり、汚《よご》れてしまったりする」というお悩《なや》みもよく寄せられます。

こうしたばらけやすいものや汚《よご》れやすいものをペンケースに入れるのはあまりおすすめ

しません。**できればクリアファイルなどに入れて持ち運ぶのがいいでしょう。**

どうしてもペンケースに入れたい場合は、**仕切りのついたペンケース**を使い、「消しゴムとスペースを分けて収納する」「小さめのスペースに収納する」といったことがおすすめです。

⑤月に1回メンテナンスをする

ペンケースは本当に必要なメイン文房具だけをしまい、なるべくスリムにしておくのが基本です。中身が増えすぎてしまうと、必要なものを見つけるまでに時間がかかり、勉強効率が下がってしまいます。

ですが、ペンケースに、リビングで使ったペンをそのままつい入れてしまったり、ちょっと書いたメモを一時的にしまったまま忘れてしまったりということもありますよね。また、「そういえば最近使ってないな」という文房具も入っているかもしれません。

こうしたものは、いわば**「ペンケースの中の居候《いそうろう》」。月に1回程度でいいので、ペンケースの中身をチェックするメンテナンスタイムをとりましょう。**居候《いそうろう》のアイテムがあった場合にはペンケースから取り出し、別の場所に移すようにしてください。

勉強机の整理術

「勉強机の上がすぐ散らかってしまう」「机のどこになにを収納していいかわからない」という人も多いと思います。そんなときは、次の5つのことを意識してみてください。

①机の上を物置にしない

机の上は物置場ではありません。最低限の勉強スペースを確保できるよう、関係のないものを置いたり積んだりすることは避《さ》けましょう。

②消しかすやごみをそのままにしない

机の上を清潔に保つことも大切です。

その日の勉強で出た消しかすは、その日のうちにごみ箱へ。また、勉強中に食べたお菓《か》子《し》のごみなどもこまめに捨てるようにしましょう。机の近くにごみ箱を置いておくと、わざわざ立ち上がる手間がなくなります。

③ひきだしの使い方を工夫する

勉強机にはひきだしがいくつかついていますよね。適当にものを突《つ》っ込《こ》むのではなく、入れ方を工夫《くふう》するようにしましょう。

「どのひきだしになにを入れるか」は、**ひきだしの深さ**に合わせて考えましょう。**浅いひきだしには筆記具や小物を、やや深いひきだしにはメモ帳や少し高さのある勉強道具を、いちばん深いひきだしにはノートやクリアファイルなど大きな勉強道具を収納します。**

ひきだしの片づけ方例

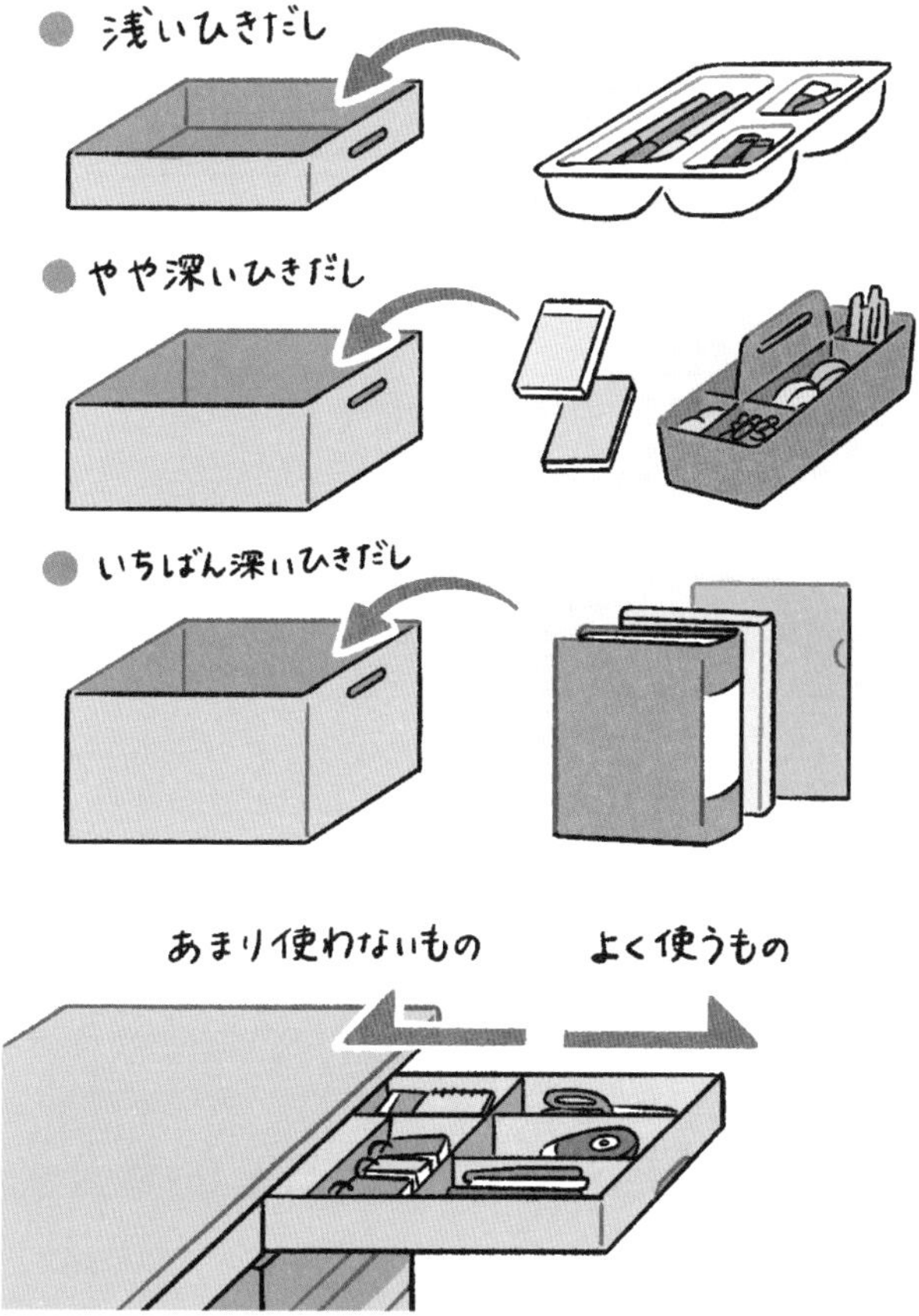

それぞれのひきだしの中で「どこになにを入れるか」は、使う頻度《ひんど》に合わせて考えましょう。**よく使う道具は手前、あまり使わない道具は奥《おく》に収納します。**

ひきだしが広い場合は、仕切りを作るのもおすすめです。100円ショップや無印良品などの仕切り用品を使うのもいいでしょう。わたしはよく、お菓子《かし》の空き箱をちょっとした収納ケース代わりにしています。

④ひきだしの中をすべて埋《う》めようとしない

ひきだしの活用法をお伝えしましたが、**「ひきだしのすみずみまでものを入れようとしない」**ことも大切です。

もちろん、入れるものが多い場合はそれでもいいのですが、「まだこのスペースが空いてしまっている。なにか入れられるものはないかな?」とわざわざ入れるものを探しに行く必要はありません。いずれしまいたいものが増えてくるかもしれないし、少し余裕《よゆう》があるくらいのほうが片づけがしやすくなるからです。

⑤卓上棚《たくじょうだな》の下にものを置くときはケースを使う

机の卓上棚《たくじょうだな》の真下には意外とスペースがあるので、ここにものを置きたくなる人もいると思います。わたしも結構いろいろと置いてしまうタイプです。

ただ、ここは棚《たな》の陰《かげ》になって見にくかったり、壁《かべ》との隙《すき》間《ま》にものが落ちていってしまったりすることもあるので要注意。**なにかを置きたい場合は、収納ケースや箱に入れてからしまうのがおすすめです。**こうしておくとひきだしのようになるので奥《おく》まで取り出しやすく、壁《かべ》との隙間《すきま》に落ちていくこともなくなります。

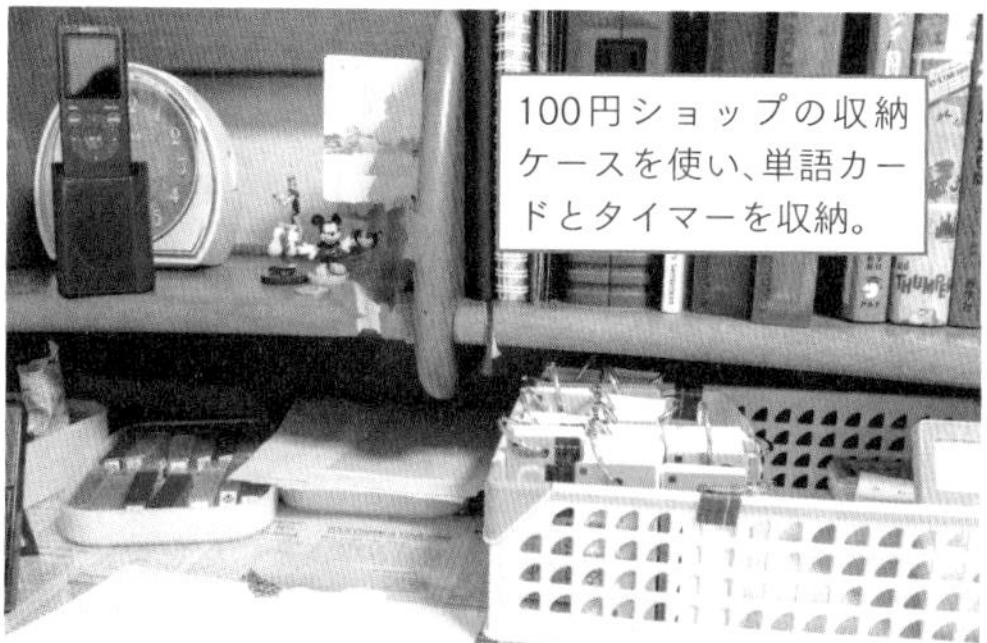

100円ショップの収納ケースを使い、単語カードとタイマーを収納。

どうしても机や部屋が片づかないときは……

そうはいっても、どうしても片づける気力が湧《わ》かないときや、時間がないときもありますよね（わたしもしょっちゅう片づけをサボってしまいます……）。

机の上に散らかってしまったものを一つひとつ片づけるのは、疲《つか》れているときや忙《いそが》しいときにはなかなか大変。ですが、スペースが空かないことには勉強できないし、机の上がものでいっぱいになっているだけでもやる気が落ちてしまいます。

そんなときにやってほしいのは、**「机の上のものを無理矢理全部どかす」**ことです。頭を使うのはやめ、**とりあえず机の上にあるものをすべて床《ゆか》の一カ所に積んでしまいましょう**。こうすることで、少なくとも机の勉強スペースだけは確保することができます。床に積んだものは、あとで元気や時間のあるときに片づければOKです。

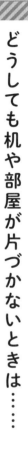

部屋全体が散らかってしまうという人は、「とりあえずここに突《つ》っ込《こ》む」という箱を一つ用意しておくのも手です。全部が散らかっているとやる気も集中力も下がってしまいますが、一カ所だけが散らかっているのであればまだいいはず。時間や心の余裕《よゆう》ができたら、箱の中身を本来の場所に戻《もど》すようにしましょう。

増えすぎてしまった勉強道具の整理術

序章でお話ししたように、勉強道具は**「必要性が生じてから買う」**という順序が基本です。

とはいえ、すでに「思いつくままに買ってしまって、部屋が文房具だらけになってしまった……」「途中《とちゅう》まで使ったけど、もう使わなくなってしまった勉強道具がある」という人も多いのではないでしょうか。そんなときには、次の方法を試してみてください。

別の用途《ようと》で再利用する

購入《こうにゅう》したときに想定していた使い方でなくても、別の方法で使うことができることもあります。たとえば、次のような感じです。

- **自習用に買ったけれど使わなくなってしまったノート**
↓ページを切り取り、小さめサイズにカットしてメモ用紙として活用する
- **授業ノートをとるために買ったけれど増えすぎてしまったカラーペン**
↓必要な本数だけペンケースに入れ、残りは家族共用のメモ書きペンや、宿題の丸つけ用ペンにする
- **新しいものを購入《こうにゅう》したため使わなくなってしまったペンケース**
↓メイク用ポーチや小物入れとして活用する
- **学校のプリント整理用に買ったけれど増えすぎてしまったクリアファイル**
↓洋服ケースの間仕切りやごみ箱ホルダーに使うなど、収納用具として活用する

自分一人だと使えなくても、家全体を見渡《わた》せば使える場所が見つかることもあるので、ぜひ家族に「これなにかに使わない？」と聞いてみてくださいね。

学校に寄付する

ものによっては、通っている学校や塾《じゅく》で活用してくれる場合もあるかもしれません。先生に「うちでこんなものが余っているのですが、使える場所はありませんか？」と聞いてみるといいと思います。

支援団体《しえんだんたい》に寄付する

文房具の寄付を受け付けている団体もたくさんあります。**「文房具　寄付」**などと検索《けんさく》してみると、さまざまなＮＰＯ法人や財団などが見つかるでしょう。送料は自己負担となることが多いようです。

寄付先にもよりますが、寄付された文房具の多くは児童養護施設《じどうようごしせつ》に届けられたり、途上《とじょう》国の子どもたちの学習支援《しえん》やワクチン接種に役立てられたりします。タンスの肥やしにしておいたり、まだ使えるのに捨てたりするより、ずっと有効に活用できるでしょう。

団体やアイテムによっては、未使用のものに限る場合と中古でもＯＫの場合とがあります。寄付する際には、**送ろうとしているものが寄付の対象となるかどうか**をよく確認《かくにん》してくださいね。

売る

フリマアプリや学校・地域のバザーなどで売ることもできるでしょう。

また、商品によっては文房具専門の買取サービスで買い取ってもらうこともできます。**「文房具　買取」**と検索《けんさく》するといろいろなサービスが出てくるので、一度見てみるのがおすすめです。

学校のプリントの整理術

学校ではいろいろなプリントが配られる機会がありますよね。「たくさんのプリントをどう整理していいかわからない」「しょっちゅうプリントをなくしてしまう」というお悩《なや》みもよく聞きます。

ここでは、

- **授業プリント**
- **テスト用紙**（テストの問題用紙、解答用紙、成績表など）
- **連絡《れんらく》プリント**

のそれぞれについて整理術をご紹介《しょうかい》します。

みおりんのプリント整理ルーティン

まずは、わたしが小学生のころから実践《じっせん》していたプリント整理の基本をご紹介《しょうかい》します。

常に3ポケットファイルを持ち歩く

わたしは小学校から大学時代まで、常に**3ポケットタイプのクリアファイル**を持ち歩いてプリントを整理していました。

いちばん手前のポケットには、連絡《れんらく》プリントや宿題プリントなど、**直近で対応が必要なもの**を入れます。

真ん中のポケットには、まだ結果が返却《へんきゃく》されていないテストの問題用紙や「次回の授業にも持ってきてね」と先生に言われたプリントなど、**しばらく取っておくもの**を入れます。

・ 3ポケットファイルの使い方例 ・

いろんな種類のプリントを整理するために便利です。ぜひマネしてみてください！

みおりんStudyTimeのクリアファイルは裏面《うら》がルーズリーフケースになっていて便利！

全４色。ぜひ使ってみてくださいね！

「みおりんStudyTimeクリアファイル3ポケット付」（サンスター文具株式会社）

いちばん奥《おく》のポケットには、ふせんやインデックスシールなど、**ツール系のアイテム**を入れます。先ほどお伝えしたとおり、ふせんはペンケースに入れてしまうと中でバラバラになってしまうことがあるのですが、クリアファイルの奥《おく》に入れておけばそうしたこともあまり起きません。

家に帰ったらそれぞれのプリントに対応する

家に帰ったら、**保護者向けの連絡《れんらく》プリント**は親に渡《わた》します。おうちの人が遅《おそ》くまで仕事をしているなど、帰ってきてすぐに対面で渡《わた》せない場合は「おうちの人に見てもらう必要があるプリントはここに置く」と家族で決めておくといいでしょう。

宿題プリントにはその日のうち、もしくは提出日までに取り組みます。

授業プリントは切ってノートに貼《は》るか、穴をあけてバインダーに綴《と》じます。このやり方はこのあとご紹介《しょうかい》しますね。

対応が終わったプリントを整理する

記入して提出する連絡《れんらく》プリントや宿題プリントなど、**学校に提出する必要があるプリントは、対応が終わったら再び3ポケットファイルのいちばん手前のポケットにしまいます。**

親が確認《かくにん》して完了する連絡《れんらく》プリントや返却《へんきゃく》されたテストなど、**学校に提出する必要がないプリントは、分類して収納します。**わたしの実家では、**「連絡《れんらく》プリント（主に保護者向けのもの）」**と**「学習プリント（終わったテスト用紙など、子どもが解いたもの）」**の2つに分けて写真①のような感じのスタッキングトレーにしまっていました。

学期末や年度末になったらまとめて書類ケースへ

学期末や年度末になったら、母が溜《た》まったプリントをまとめて写真②のような書類ケースに移してくれていました。我が家はわたしと弟の二人姉弟だったので、それぞれにケースを用意してまとめてくれていたようです。必要なくなった連絡《れんらく》プリントは処分していたと思います。

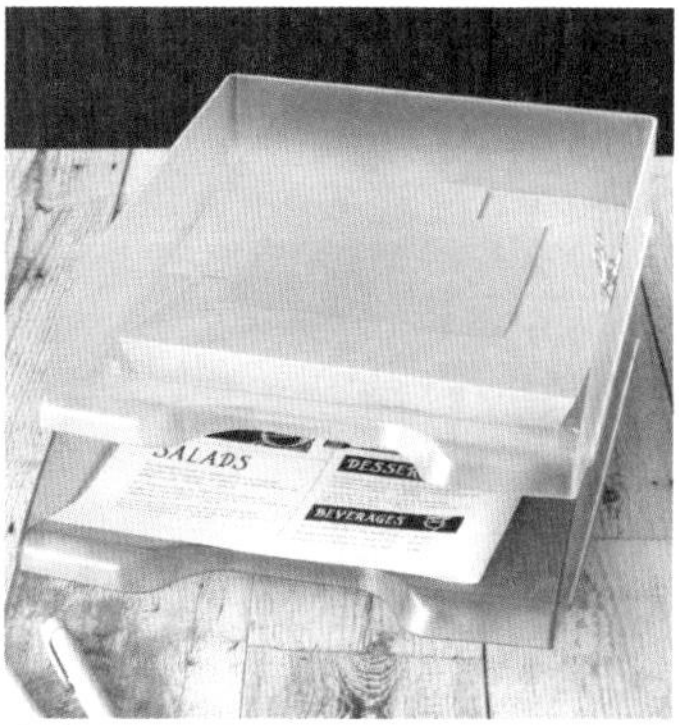

①「デスクトレー A4」(セキセイ)

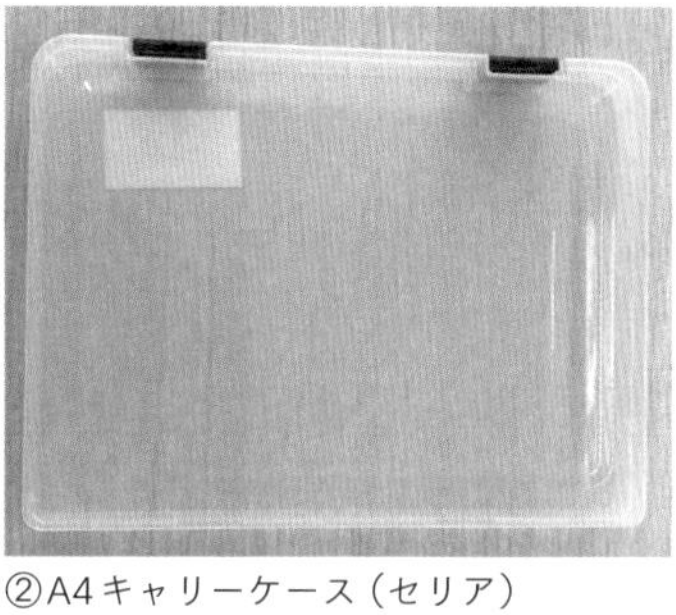
②A4キャリーケース（セリア）

授業プリントの整理術

授業プリントはどう整理すればいい？

授業プリントは、「ノートに貼《は》る」または「バインダーに綴《と》じる」という、大きく2つの方法で整理することができます。どちらを選ぶかは次のような基準で考えるといいでしょう。

・**プリントが配られる頻度《ひんど》がそれほど高くなく、基本はノートを使う授業の場合**
↓切ってノートに貼《は》る
・**プリントが配られる頻度《ひんど》が高く、プリントを中心として授業が展開される場合**
↓バインダーに綴《と》じる

ノートに貼《は》る場合の整理術

ノートに貼《は》る場合は、**プリントへの書き込《こ》みがすべて終わってから貼《は》り付けをする**ようにしましょう。貼《は》り付けたあとだと、のりで紙がヨレていたり、プリントとノートとの段差があったりして文字が書きづらくなってしまうためです。

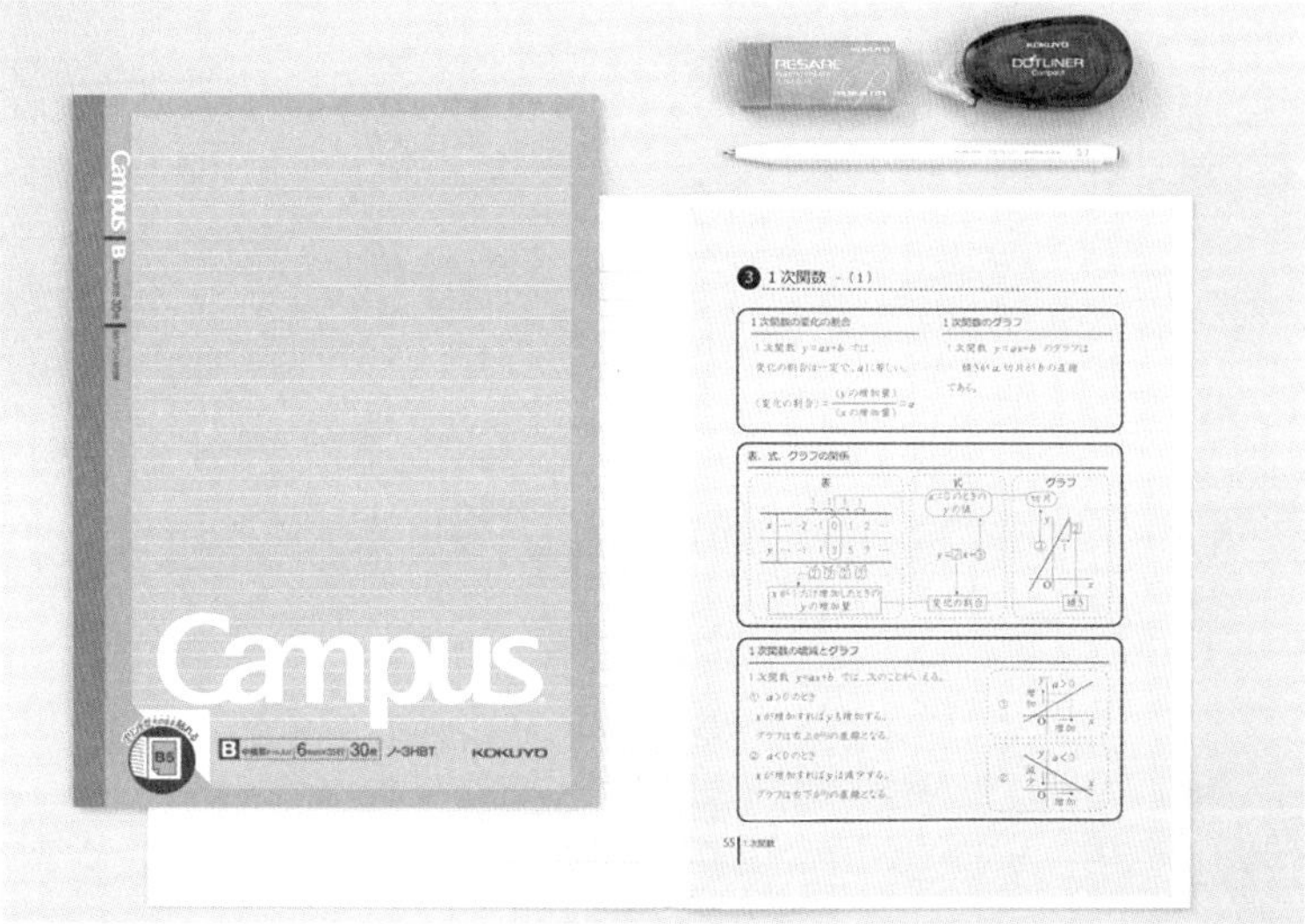

「キャンパスノート(プリント貼付《ちょうふ》用)」(コクヨ)
Ｂ５サイズより一回り大きいノートなので、プリントをはさみで切らずにそのまま貼《は》れます。
ノート:231円／ツイリングノート:330円

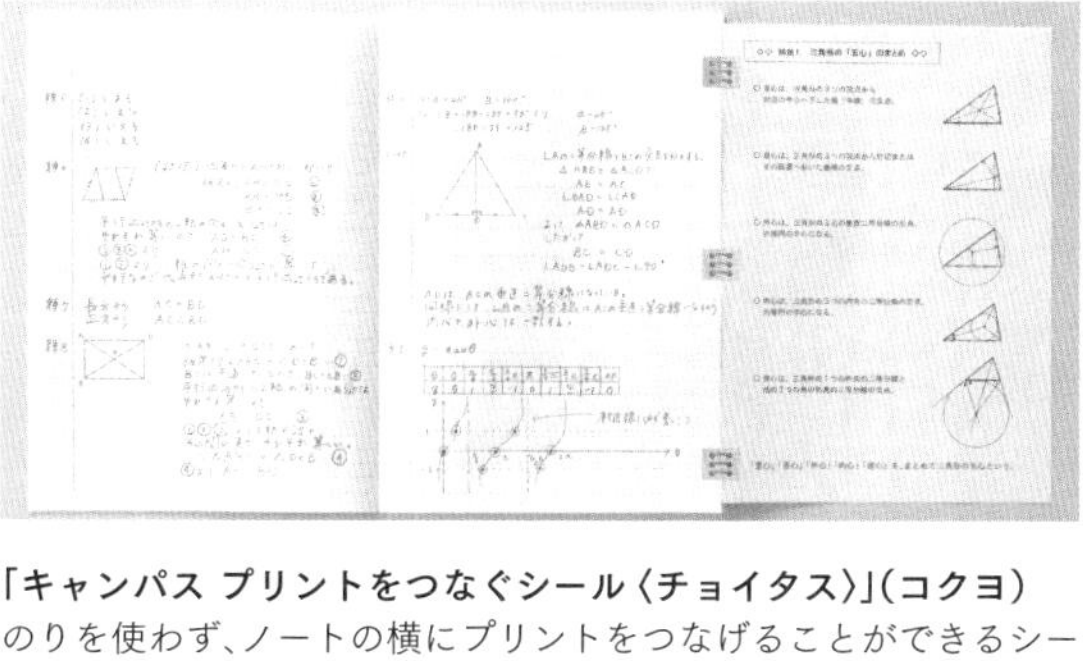

「キャンパス プリントをつなぐシール〈チョイタス〉」(コクヨ)
のりを使わず、ノートの横にプリントをつなげることができるシールです。
341円

プリントと同じサイズのノートに貼《は》ろうとすると四隅《よすみ》をハサミで切る必要がありますが、面倒《めんどう》な人には「キャンパスノート（プリント貼付用《ちょうふ》）」（コクヨ）がおすすめ。プリントより少し大きめのサイズになっているので、ハサミを使う必要がありません。

両面に印刷されたプリントは、ノートのページにつなげるようにして貼《は》り付けましょう。「チョイタス」（コクヨ）のようなシールを使うのがおすすめです。

バインダーに綴《と》じる場合の整理術

バインダーを使う場合は、**2穴タイプのバインダーにするか、26穴タイプのバインダーにするか**をまず選びましょう。２穴タイプは穴あけが簡単なのがメリットですが、穴が広がって紙が破けやすくなってしまうというデメリットも。逆に26穴タイプは、しっかり固定されるので穴が広がったりプリントが破けたりしにくいのがメリットですが、穴あけが少し面倒《めんどう》なのがデメリットといえます。

2穴タイプのバインダーを使う場合は、**2穴タイプの穴あけパンチ**と、**パンチ穴補強シール**（穴が広がって紙が破けないように補強するドーナツ型のシール）を用意するのがおすすめです。プリントの表側に貼《は》ってしまうとその上から文字が書けなくなってしまうので、裏《うら》側から貼《は》るようにしましょう。

26穴タイプのバインダーを使う場合は、**26穴タイプの穴あけパンチ**を用意しましょう。少し値が張りますが、一度購入《こうにゅう》すれば長く使うことができますし、1つ持っておくとなにかと便利です。

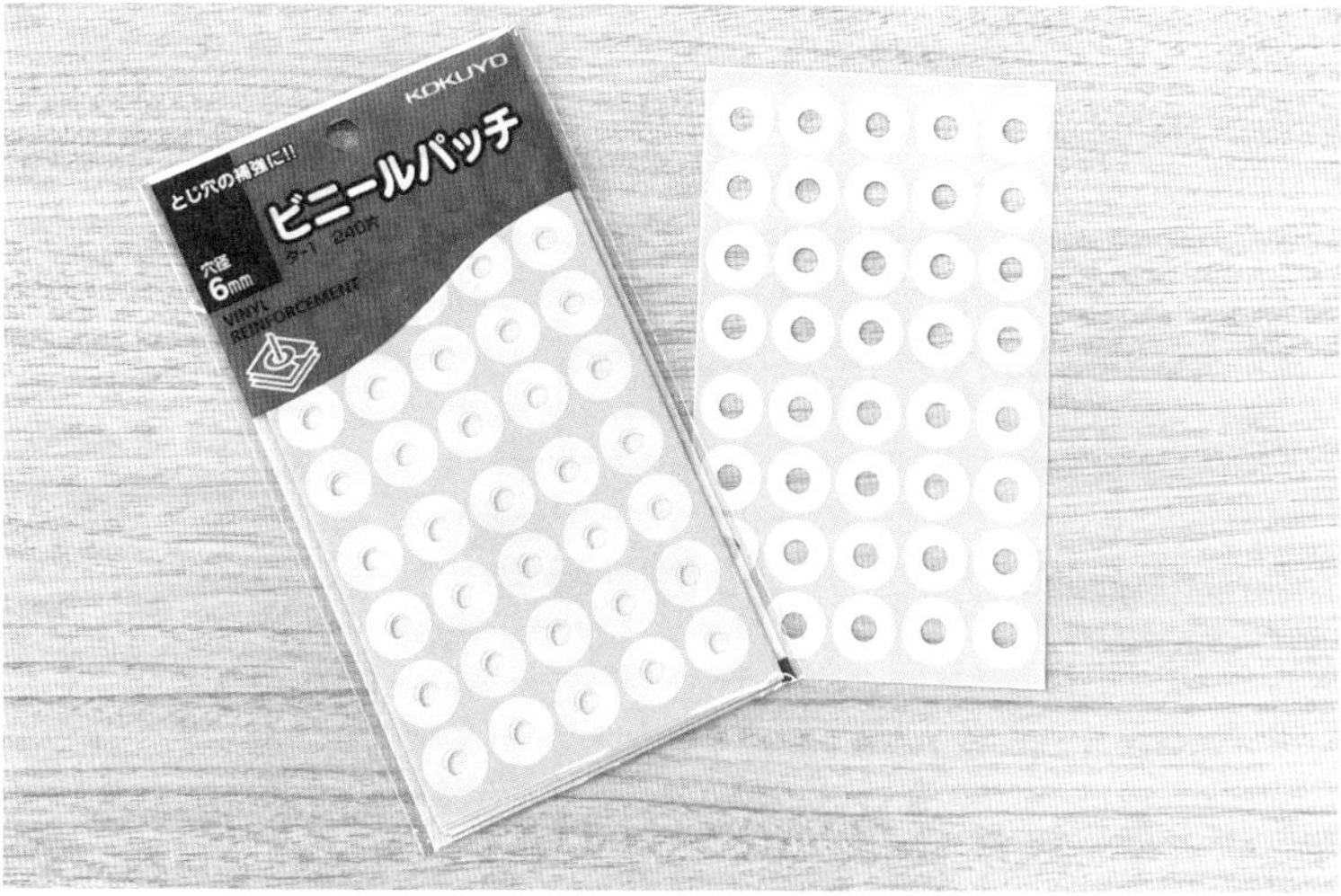

「ビニールパッチ」（コクヨ）

プリントをバインダーに綴《と》じるのは、次のようなタイミングで行えばいいでしょう。

・**学校に穴あけパンチを置いておける場合**
↓授業中や授業後すぐに穴をあけ、バインダーに綴《と》じる
・**学校に穴あけパンチを置いておけない場合**
↓授業プリントを持ち帰り、自宅で穴をあけてバインダーに綴《と》じる

テスト用紙の整理術

テストには問題用紙や解答用紙、成績表などがあって、プリント類がどんどん増えてしまいがちですよね。小学校・中学校・高校と年代別におすすめの整理方法をご紹介します。

小学校のテスト用紙整理術

小学校のテストは中学・高校と違い、テスト用紙にそのまま解答を書き込《こ》む（問題用紙と解答用紙が分かれていない）形式が基本かと思います。

丸つけしたテストが返ってきたら家に持ち帰り（3ポケットファイルの場合は手前のポケットに入れます）、おうちの人に見せましょう。そして間違《まちが》えてしまっていたところを青鉛筆《えんぴつ》もしくは青ペンで直します。よく覚えていなかったところは、必ず教科書をもう一度確認《かくにん》するようにしてくださいね。

テスト直しが終わったら、学習プリント用のスタッキングトレーにしまいましょう。穴をあけて、テスト専用のバインダーに綴《と》じるのでもOKです。

中学校のテスト用紙整理術

中学校のテストでは、問題用紙と解答用紙が分かれている場合が多いかと思います。

小学校のテスト用紙整理術

STEP 1

返却《へんきゃく》されたテストを家に持ち帰る

3ポケットファイルの場合は手前のポケットに入れる。

STEP 2

おうちの人に見せる

STEP 3

間違《まちが》い直しをする

テストで間違《まちが》えてしまったところは青鉛筆《えんぴつ》または青ペンで直す。

STEP 4

テスト用紙をしまう

学習プリント用のスタッキングトレーにしまうか、テスト専用のバインダーに綴《と》じる。

テストが終わったら、問題用紙は手もとに取っておきましょう（3ポケットファイルの場合は真ん中のポケットに入れます）。そしてテスト返しが行われたらテスト直しノートを用意し、間違《まちが》えてしまった問題はコピーをとって貼《は》るか書き写すかして、正しい答えと自分なりの解説を書き込《こ》みます。問題用紙と返却《へんきゃく》された解答用紙も同じノートに貼《は》り付けましょう。

高校のテスト用紙整理術

高校のテストでも、問題用紙と解答用紙が分かれている場合が一般的《いっぱんてき》かと思います。中学の場合と同じく、テストが終わったら問題用紙は手もとに取っておきます（3ポケットファイルの場合は真ん中のポケットに入れます）。テストが返却《へんきゃく》されたら間違《まちが》えた部分を確認《かくにん》して直します。苦手なところは暗記ノートに転記するなどしておきましょう。

中学校のテスト用紙整理術

STEP 1

テスト終了後

問題用紙をとっておく。3ポケットファイルなら真ん中のポケットに入れておく。

↓

STEP 2

テスト返し

解答用紙が返されたら、テスト直しノートを用意する。

↓

STEP 3

間違《まちが》い直し

- 間違《まちが》えた問題は、テスト直しノートにコピーをとって貼《は》るか、書き写す。
- 間違《まちが》えた問題の正しい答えと自分なりの解説を書き込《こ》む。
- 問題用紙と解答用紙を同じノートに貼《は》る。

中学と同様に間違《まちが》い直しノートを作れればベストですが、高校は科目数が多く、量が膨大《ぼうだい》になることも。そういう場合は、どうしても覚えられないところだけを暗記ノートに抽出《ちゅうしゅつ》するのがおすすめです。

間違《まちが》い直しが終わったら、テスト用紙にはすべて穴をあけ、まとめて**テスト専用のバインダー**に綴《と》じるようにします。わたしは全科目のテスト関係書類を1年分まとめられるよう、かなり厚めのバインダーを学年ごとに1冊用意していました。

連絡《れんらく》プリントの整理術

連絡《れんらく》プリントは、「みおりんのプリント整理ルーティン」のところでご紹介《しょうかい》したような流れで整理・収納をするのがおすすめです。

連絡《れんらく》プリントの整理術

STEP 1
プリントが配られたら
3ポケットファイルの手前ポケットに入れて持ち帰る。

STEP 2
おうちの人に見せる

STEP 3
提出の必要あり
記入する。再び手前ポケットに入れて学校に持っていく。

STEP 3
提出の必要なし
確認《かくにん》した後、連絡《れんらく》プリント用のスタッキングトレーにしまう。

STEP 4
学期末、学年末にまとめて処分する

使い終わった教科書やノートの整理術

使い終わった教科書やノート、参考書は結構かさばりますよね。「どうしたらいいの？」「今後使うことはあるのかな？」と悩《なや》んでしまう人も多いと思います。

使い終わった教科書やノートは取っておくべき？

そもそも使い終わった教材は取っておいたほうがいいのでしょうか。それとも捨ててしまっても大丈夫なのでしょうか。

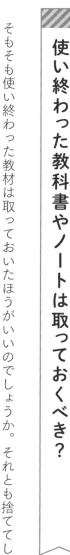

スペースがあるならしばらく取っておこう

小中高大と過ごしてきたわたしの結論は、**「スペースがあるなら取捨選択《しゅしゃせんたく》して取っておくといい」**ということです。あって害になるものではないし、あとから見返して「あのときがんばっていたなぁ」と自己肯定感《じここうていかん》を高めることもできます。

また、このあとご紹介《しょうかい》しますが、最近使い終わった教科書やノートはまだ使う可能性もあるので取っておいたほうが安心です。

スペースがない場合は処分ルールを決めよう

スペースが限られている場合は、ルールを決めてそれに従って保存や処分をするのがおすすめです。たとえば次のような処分ルールを設けるといいでしょう。

・処分ルール① 直近2年分だけ残す

使い終わった教科書やノートでも、**直近のものは進級後も学習内容がつながっていたり、テスト範囲《はんい》として指定されたりする場合もあります。**年数を決めておき、その期間だけ残しておくといいでしょう。迷ったら**直近2年分**を残すのがおすすめです。

たとえば中学3年生なら、「中1~2のときのものは残しておく」などとしておくと、高校受験のときに「あの参考書捨てちゃった！」ということにもならないし安心です。そして高校1年生になったら、中1のときのものを処分し、中2~3のときのものを残す、というような具合です。

・処分ルール② 思い入れの強いものだけ残す

ほかの思い出の品と同じように、**特にがんばったものや思い出深いものだけ残す**というのもおすすめです。わたしは何度も練習した論述問題のノートや、友だちがかわいいイラストをかいてくれたノートなどは大事に取っています。

・処分ルール③ 苦手科目だけ残す

東大受験のために使ったテキストやノートの山。いまでも写真を見返すと元気が出ます。

苦手な科目の教材はほかの科目に比べてあとから見返したくなる可能性も高いので、優先的に取っておくといいでしょう。一度使ったことがある教科書・参考書や自分の手で書いたノートなら、読み返したときに頭に入ってきやすいはずです。

・**処分ルール④ 今後も使えそうなものだけ残す**

テストや受験が終わっても役に立ちそうなものだけを取っておくのもおすすめです。たとえば高校の家庭科の教科書には栄養の知識や料理の基本、裁縫《さいほう》などの知識が満載《まんさい》です。一人暮らしをしてからも役立つことがあるでしょう。

また、処分する場合は前ページ（P234）のように写真を撮《と》っておくことをおすすめします。たくさん使った教科書やノートの姿が写真で残っていると、「こんなにがんばったんだ」と自己肯定感《じここうていかん》が高まり、その後の進学先や就職先でもがんばる力にすることができますよ。

取っておく場合の収納術

取っておく教材は、**「直近1年分の教材」「それ以前の教材」**に分けてそれぞれ収納**を考える**といいでしょう。

直近1年分は勉強部屋もしくはリビングに

教科書やノートの収納の基本は、**「最近のものは手の届きやすいところに」**ということです。直近の使い終わり教材は新しい学年の学習内容とつながっていたり、テスト範囲《はんい》に指定されて読み返す機会もあるか

部屋のカラーボックスに、ざっくり背の順に並べて収納した参考書。

らです。

普段《ふだん》自室で勉強するという場合はその部屋に、リビングで勉強することが多い場合はリビングの一角に、なるべくコンパクトに置いておくといいでしょう。

わたしは自分の部屋のカラーボックスに収納していました。右ページの写真のように、ざっくり背の順を意識して並べるとすっきりと見えます。

それ以前のものは物置や屋根裏部屋《やねうらべや》に

それより前の学年のものは、普段《ふだん》ふれる機会の少ない場所に収納しておいてもOKです。わたしは下の写真のようにダンボールに入れて屋根裏部屋《やねうらべや》にしまっていました。

分類してダンボールに入れ、屋根裏部屋《やねうらべや》に収納。

同じ科目などでまとめてダンボールなどに入れて、箱の側面に科目名やジャンル名などを書いておくとあとで探しやすくなります。科目別以外にも、「教科書」「ノート」「テスト」などと分けてしまってもいいでしょう。

捨てる場合の処分術

自宅で管理できない教科書やノートは、次のような方法で処分するようにしましょう。

古紙回収に出す

捨てる場合は、**古紙回収に出す**のが基本となるでしょう。

使い終わった教科書やノートには名前や学校名などを書いてしまっていることもあるので、処分の際には個人情報部分を消すようにしてくださいね。

誰かに譲《ゆず》る

きょうだいや知人に譲《ゆず》るということもできます。わたしは大学受験が終わったとき、使わなくなった参考書の蔵書リストを作って2つ違《ちが》いの弟に渡《わた》し、欲《ほ》しいと言われた参考書を譲《ゆず》りました。

赤本や勉強関係の本は学校の進路室などに寄贈《きぞう》できる場合もあるので、先生に聞いてみるのもいいでしょう。

売る

買取サービスやフリマアプリなどを使って売りに出すということも可能です。

わたしも大学時代の教科書で使わなくなったものは、教科書・専門書に特化した買取サービスを利用して売却《ばいきゃく》しました。教材専用の買取サービスは、多少の書き込《こ》みがあっても買い取ってくれることがあるのでおすすめです。また、サービスによる指定校・塾《じゅく》であれば、学校の教科書やプリント、塾《じゅく》・予備校のテキストなども買取対象になることがあります。

最近ではオンラインだけで手続きできるサービスもたくさんあるので、ぜひ調べてみてくださいね。

第 6 章

保護者の方へ
子どもの勉強道具サポート術

文房具を集めすぎる、気がつくと勉強そっちのけでスマホを見ている、勉強中の姿勢が悪い……お子さんの学習について悩《なや》む親御さんは多いのではないでしょうか。こうした課題は勉強道具の工夫《くふう》で解決できることも。この章では、よくあるお悩《なや》みQ＆Aをご紹介《しょうかい》します。

勉強道具についてのお悩《なや》み

お子さんの勉強について、親御さんが気を揉《も》んでしまうことも多いですよね。インスタグラムで保護者の方にアンケートをとったところ、たくさんのお悩《なや》みが寄せられました。

そこで今回は、いただいたお悩《なや》み相談で特に多かったものを、

- 勉強道具についてのお悩《なや》み
- 勉強道具で解決できるお悩《なや》み

の2つに分けて、それぞれお答えしたいと思います。勉強道具の工夫《くふう》で解決できるお困りごとは意外とたくさんあるので、ぜひご参考にしていただけたらうれしいです。

Q. 文房具をやたらと欲《ほ》しがり、コレクションばかりがどんどん増えていきます……。

お子さんが文房具を欲《ほ》しがった際には、**「なぜそれが必要なのか（なにに使うのか）」を聞いてみる**のがおすすめです。「丸つけ用の赤ペンを使い切ってしまったから」「マーカーで参考書の重要な部分を強調したいから」など、しっかりとした目的がある場合は購入《こうにゅう》してあげてください。

第1章でもお伝えしたように、勉強道具は**「必要性が生じてから買う」**が基本です。お子さんの答えがはっきりしなかったり、「かわいいから欲《ほ》しい」というような理由だった場合は、購入《こうにゅう》は控《ひか》えたほうがいいでしょう。あくまでおもちゃや趣味《しゅみ》用品の扱いとして、誕生日やクリスマスのプレゼントとして買ってあげるのはいいと思います。

また、**「1つ買ったら1つ処分するという約束をしておく」**のもいいでしょう。同じような文房具ばかり買ってしまうと際限なくものが増えてしまうので、「カラーペンは4色まで」などと決めておくのがおすすめです。

すでに増えすぎてしまった文房具は、「使っているもの」「いまは使っていないもの」に分けて整理します。使っているものはお子さんの勉強机やペンケースに収納し、使っていないものは家族用にするか処分するか検討しましょう。増えすぎてしまった文房具の整理術は前章でご紹介《しょうかい》しているので、ご参考にしていただければと思います。

Q. ノートをねだられて買うのですが、どれも使い切ってくれなくて困っています。

一度、**ノートを使い切れなかった理由**を聞いてみてください。たとえば「罫線《けいせん》の幅《はば》が自分の文字の大きさに合わなかった」というような理由なら、次はその子の文字の大きさに合う罫線《けいせん》のノートを選べばいいでしょう。「なんとなくやめてしまった」「勉強に飽《あ》きてしまった」という理由であれば、次からはルーズリーフを買うことでノートの使い残しを防ぐのも手です。

ノートを買うときには、ほかの勉強道具と同様、**「なにに使うノートなのか」ということをはっきりさせてからお店に行く**ことが大切です。なんとなく買ったノートや衝動買《しょうどう》いしたノートを長く勉強に使うのは、子どもにとってはなかなか難しいこと。「一冊使い切ったら次のノートを買う」「少なくとも半分以上使えたら次のノートを買う」などとルールを決めてもいいかもしれません。

使い切れずに余ってしまったノートは、カットしてメモ帳として使うのがおすすめです。資格試験の勉強などをしている家族がいる場合は、その勉強に再利用するのもいいでしょう。

Q. 参考書やおすすめの本を買ってきて渡《わた》すのですが、全然読んでくれません。

保護者の方がお子さんの勉強に役立ちそうなものを考えてあげることは素晴《すば》らしいと思います。ですが参考書や本は、**お子さん自らが選んだものでないと、最後まで使ったり読んだりするのが難しい**のも事実です。

参考書を購入《こうにゅう》する際には、まずお子さんと一緒《いっしょ》に「どんな参考書が必要か」の作戦会議をしてみてください。そこで「いまは計算のスピードが遅《おそ》くて苦労しているから、問題がたくさん載《の》っている計算ドリルを買おう！」ということになったら、一緒《いっしょ》に本屋さんに行きます。

本屋さんの参考書コーナーに行き、計算ドリルならたくさんある計算ドリルのなかから、**どれか1冊をその子自身に選ばせてあげてください**（受験対策用の参考書であれば事前の下調べも大切ですが、普段《ふだん》使いのものであれば本人の気に入ったものでかまいません）。

作戦会議も本屋さんに行くのも、**「親子で一緒《いっしょ》に」**というのがポイントです。**本人をしっかり巻き込《こ》んであげることで、参考書を使う主役がお子さん自身になります。**

本を買ってあげるときも同様に、読みたい本をお子さん自身が選べるのがベストです。自分からは本を読みたがらないという場合は親御さんが選んであげてもいいのですが、その場合は必ず**「親御さん自身が読んでから」渡《わた》す**ようにしてください。

大人でも、「自分は読んでないんだけど、この子育て本すごく売れてるらしいから買ってきてあげたよ」と言われるより、「自分はこの本の『子どもへの声かけの仕方』の章が参考になったから、ぜひ読んでみて」と言われたほうが、その本を読む気になりますよね。お子さんに本を薦《すす》めるときにも、**「お父さん／お母さんはこういうところがいいと思ったから、よかったら読んでみてね」**と声をかけてあげるといいと思います。

勉強道具で解決できるお悩《なや》み

Q. 子どもが食卓《しょくたく》やリビングで勉強するせいで、消しかすが散らばって困っています……。

リビング学習自体は、親子でコミュニケーションをとりながら勉強ができたり、適度な物音で集中力が向上したりといったメリットのあるものですが、家族の共用スペースがあまりにも汚《よご》れたり散らかったりすると困ってしまいますよね。

テーブルの上の消しかすをきれいにするには、**卓上《たくじょう》クリーナー**を使うのがおすすめです。わたしは「リビガク スージーコロン」（ソニック）という乾《かん》電池式のクリーナーを使っています。

そもそも消しかすを散らばらせないために、下の写真のような**リビング学習用のマット**を敷《し》くのも効果的です。マットの上で勉強をするようにし、終わったらマットを折って、ごみ箱に消しかすを捨てればOK。リビング学習マットはいろいろなメーカーから発売されているので探してみてください。

「リビガク スージーコロン乾《かん》電池式卓上《たくじょう》そうじ機」（ソニック）

「リビガク テーブルマット」（ソニック）

Q. 勉強中の姿勢が悪く、目が悪くならないか心配です。

姿勢よく勉強するためには、まず**机と椅子《いす》を最適な高さにする**ことが必要です。机と椅《い》子《す》の高さがお子さんに合っているかどうかは、次のポイントをチェックしてみてください。

・座ったときに、足の裏《うら》全体が床《ゆか》についているか
・座ったときに、ひざ、ひじ、腰《こし》の角度が90°になっているか

身長に合った机と椅子《いす》の高さは、次の計算式でも調べることができます。

①椅子《いす》の座面の適切な高さ：
身長×1／4
②椅子《いす》の座面と机の高さの適切な差（「差尺《さじゃく》」といいます）：
身長×1／6
③机の適切な高さ：①＋②

子どもの場合は身長が伸《の》びていくので、高さ調整のできる椅子《いす》を選ぶといいでしょう。クッションで調節するのも手です。

教科書や参考書を読むときに姿勢が悪くなってしまう……という場合は、**書見台**を使ってみるのもおすすめ。本を読むときにも便利です。

文字を書くときに猫背《ねこぜ》になってしまうお子さんの場合は、正しい姿勢を作ってくれる「スマート姿勢改善ペン」（RＩSU）を使うのもいいでしょう。このシャーペンにはペン先と目の距離《きょり》を検知するセンサーが付いており、距離《きょり》が近くなると自動でペン先が引っ込《こ》んで文字が書けなくなるようになっています。正しい姿勢に戻《もど》ると再びペ

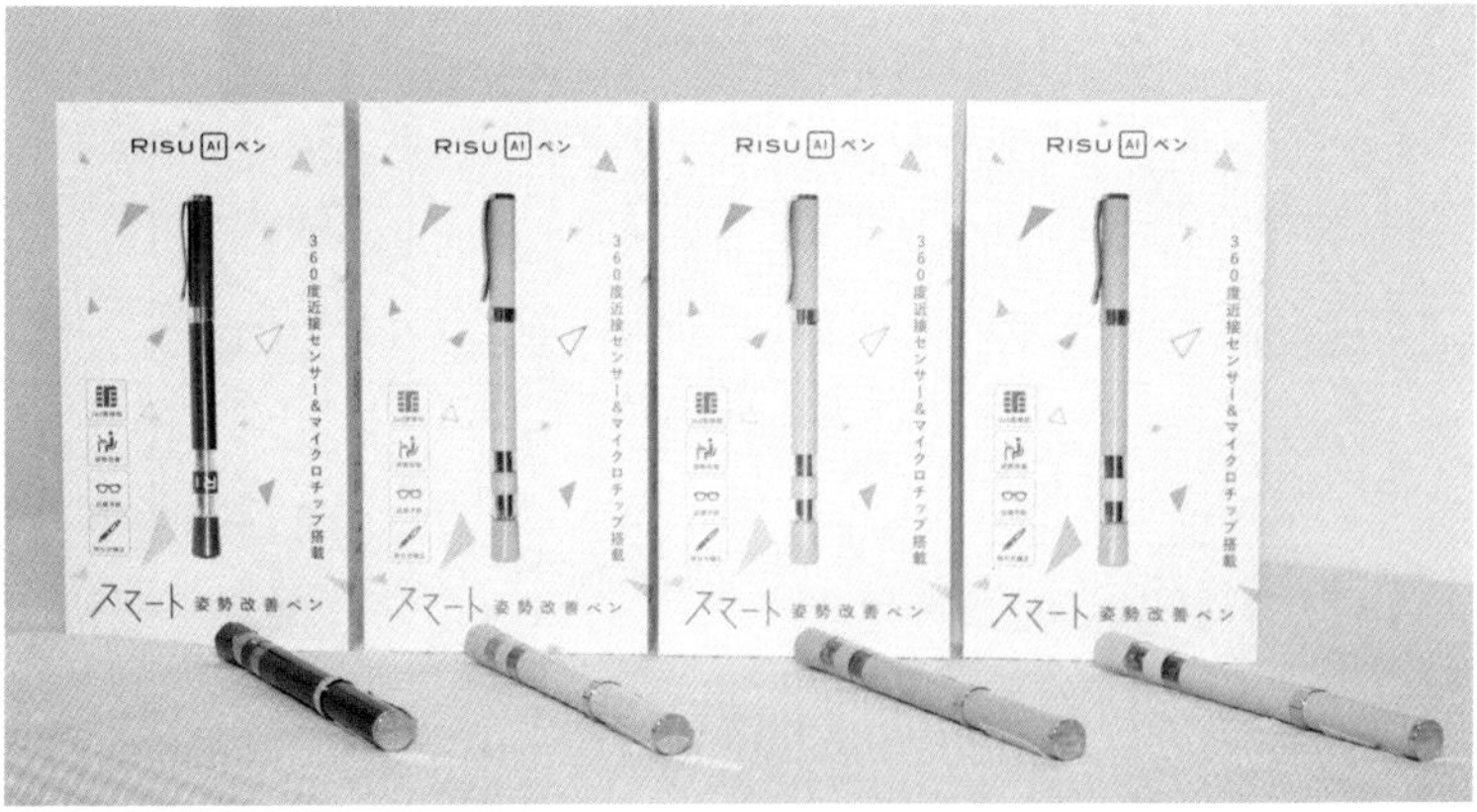

「スマート姿勢改善ペン」（RISU）

ン先が出て、さらさらと書きやすくなる仕組みです。

Q. 勉強に集中することができず、すぐにスマホをいじりはじめます。いつ勉強しているのか……。

すぐに気が散って別のことを始めてしまうというお子さんは、まずは**学習タイマー**を試してみるのがおすすめです。106ページでご紹介《しょうかい》した「レコーディング勉強法」をやってみると、タイマーが時間をカウントしている間は「いまは勉強する時間なんだ」という意識が働き、ほかの娯楽《ごらく》に手が伸《の》びにくくなります。

タイマーを使っても改善しない場合は、**卓上《たくじょう》パーテーション**を使って集中スペースを作ってみましょう。リビングで勉強する場合にはコンパクトなパーテーションが、勉強机で勉強する場合には次ページの写真のようなしっかりとしたパーテーションがおすすめです。**パーテーションの内側には勉強道具のみ持ち込《こ》み可**とし、スマホやゲームは置かないようにしてくださいね。

・スマホ依存《いぞん》解消におすすめのアイテム・

「どこでも自習室」(ベルメゾン、Gakken)

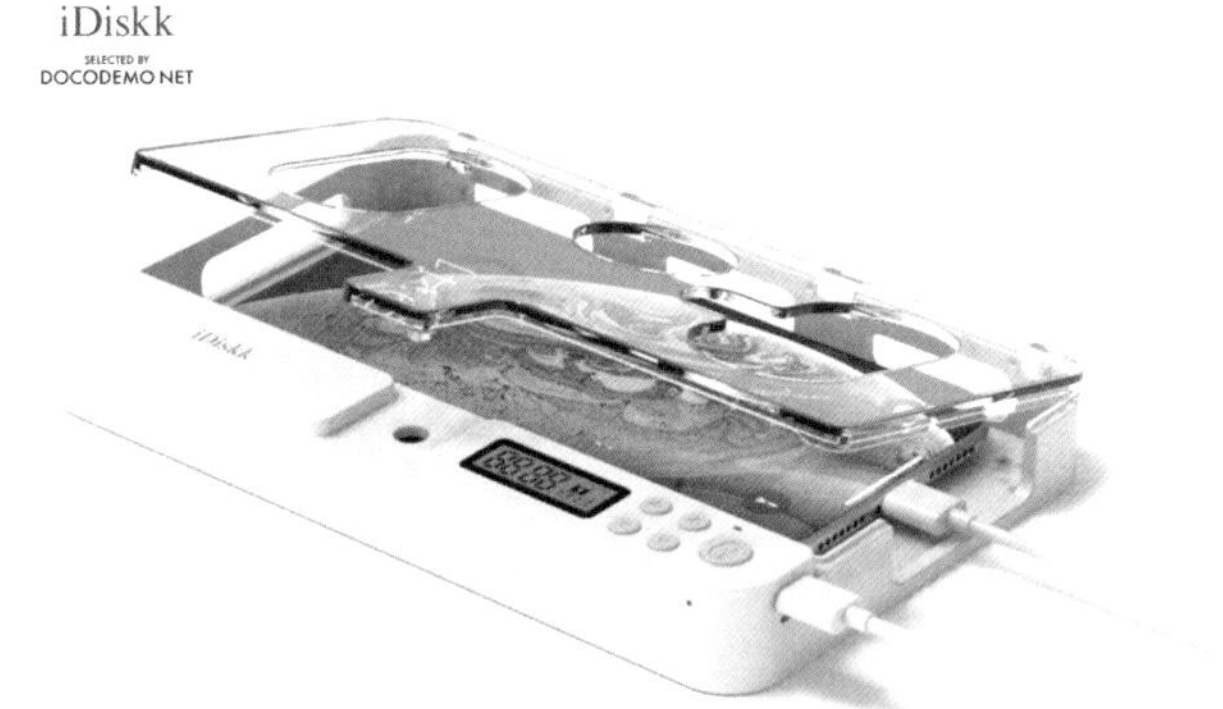

「iDiskk スマートフォン タイムロックボックス」(株式会社ジャパン・エモーション)

それでもスマホをさわってしまうという場合は、**ロッキングボックス（ロック付きの箱）**を使うのも方法の一つです。あらかじめ時間をセットした箱にスマホを入れると、その時間までは箱がロックされ、さわることができなくなります。

Q. 勉強の計画を思うように立てることができません。なんとか立てても、計画どおり勉強することが難しいようです。

なにもないところから適切な勉強計画を立てるのは、大人でもなかなか難易度の高いこと。うまく計画が立てられない場合は、**お子さん自身に合ったプランナーノートを使ってみる**のがおすすめです。

その子に合ったものを選ぶには、**快適に感じる「ざっくり度合い」のもの**を探すようにしましょう。細かくプランニングするほうが実行しやすい子の場合は細かめのものを、お

・みおりんStudy Time スタディープランノート・

1週間タイプ

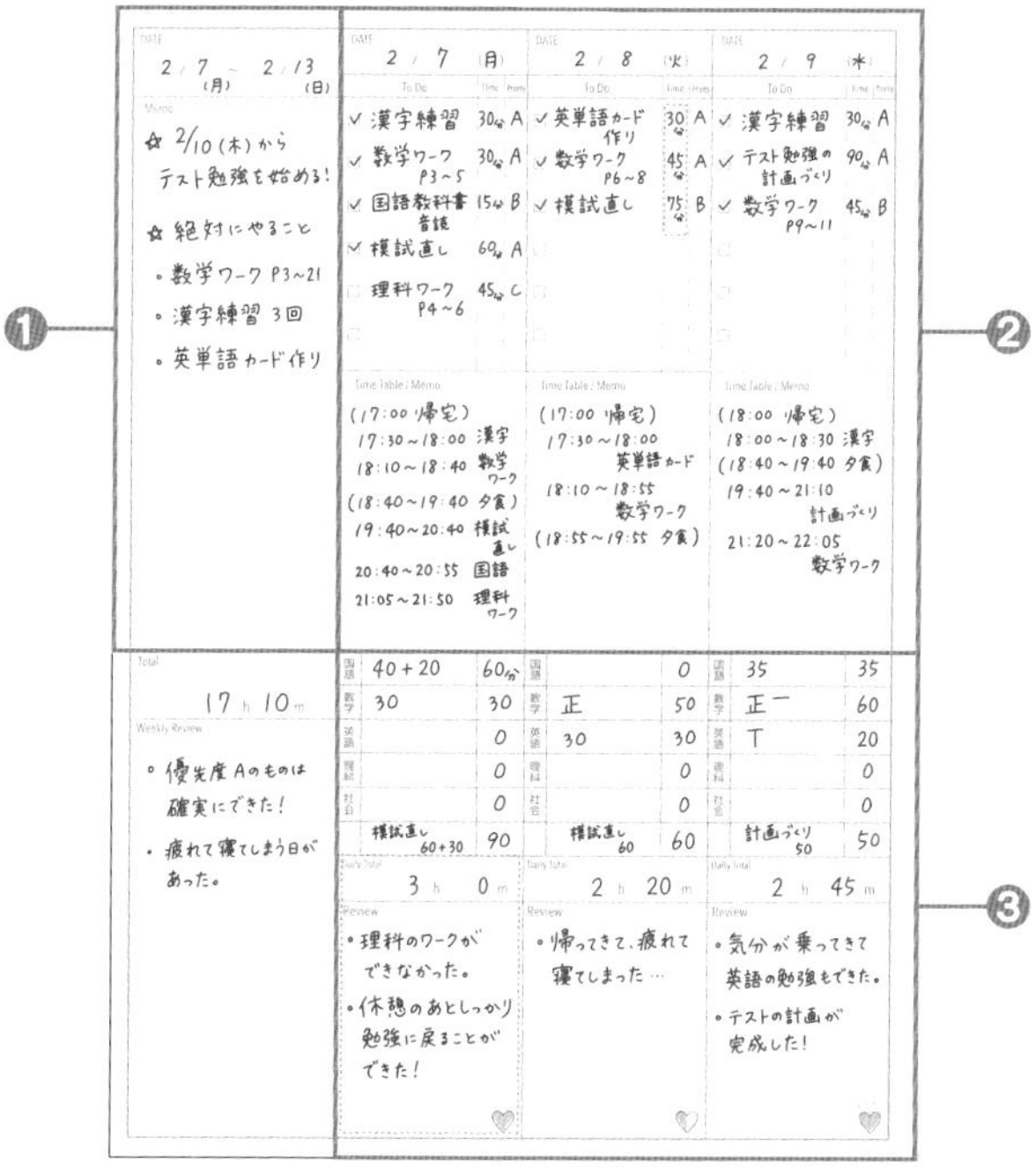

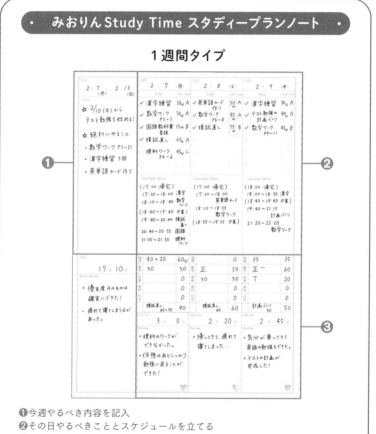

❶今週やるべき内容を記入
❷その日やるべきこととスケジュールを立てる
❸その日やった内容を記入

「みおりんStudy Time スタディープランノートB5 1週間」(サンスター文具株式会社)

普段《ふだん》の勉強計画づくりにおすすめ。ToDoを整理し、その日のタイムスケジュールとの兼《か》ね合いを考えてプランニングすることができます。勉強時間の記録と振《ふ》り返りもできるので、モチベーションアップや勉強習慣づくりの効果も。

・ みおりんStudy Time スタディープランノート ・

2週間タイプ

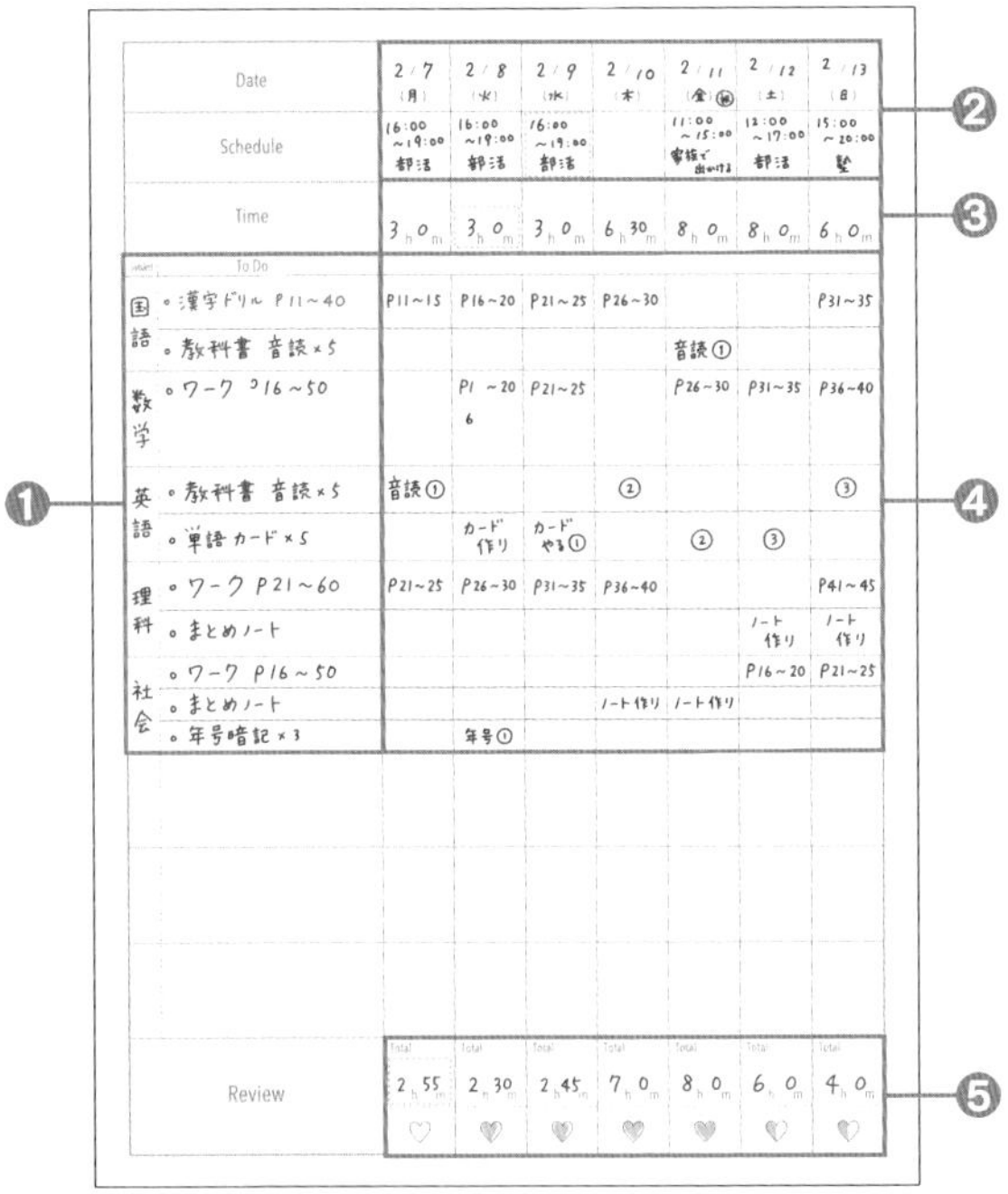

❶テストまでにやるべき内容を記入
❷その日の予定を記入
❸その日に勉強できる時間を記入
❹その日にやるページを記入
❺達成度によって塗《ぬ》り分ける

「みおりんStudy Time スタディープランノートB5 2週間」(サンスター文具株式会社)

テスト勉強や長期休みの勉強の計画づくりにおすすめ。2週間のうちにやることを一覧化して整理できるので、その日の勉強内容に迷うことがなくなります。勉強時間と達成度を書き込《こ》むことで、毎日振《ふ》り返りをする習慣も身につきます。

おおまかに決めたほうが実行しやすい子の場合は大雑把《おおざっぱ》に作れるものを選んでください。

計画を立てるのが初めての場合は、しっかりとしたプランナーノートを買うよりも、**チェックボックスの横にやることを書き出せるようなＴｏＤｏリスト型のメモ帳やふせん**のほうがおすすめです。市販《しはん》品を購入《こうにゅう》しなくても、下の写真のようにスタンプ帳やシール帳を作るのも楽しいでしょう。

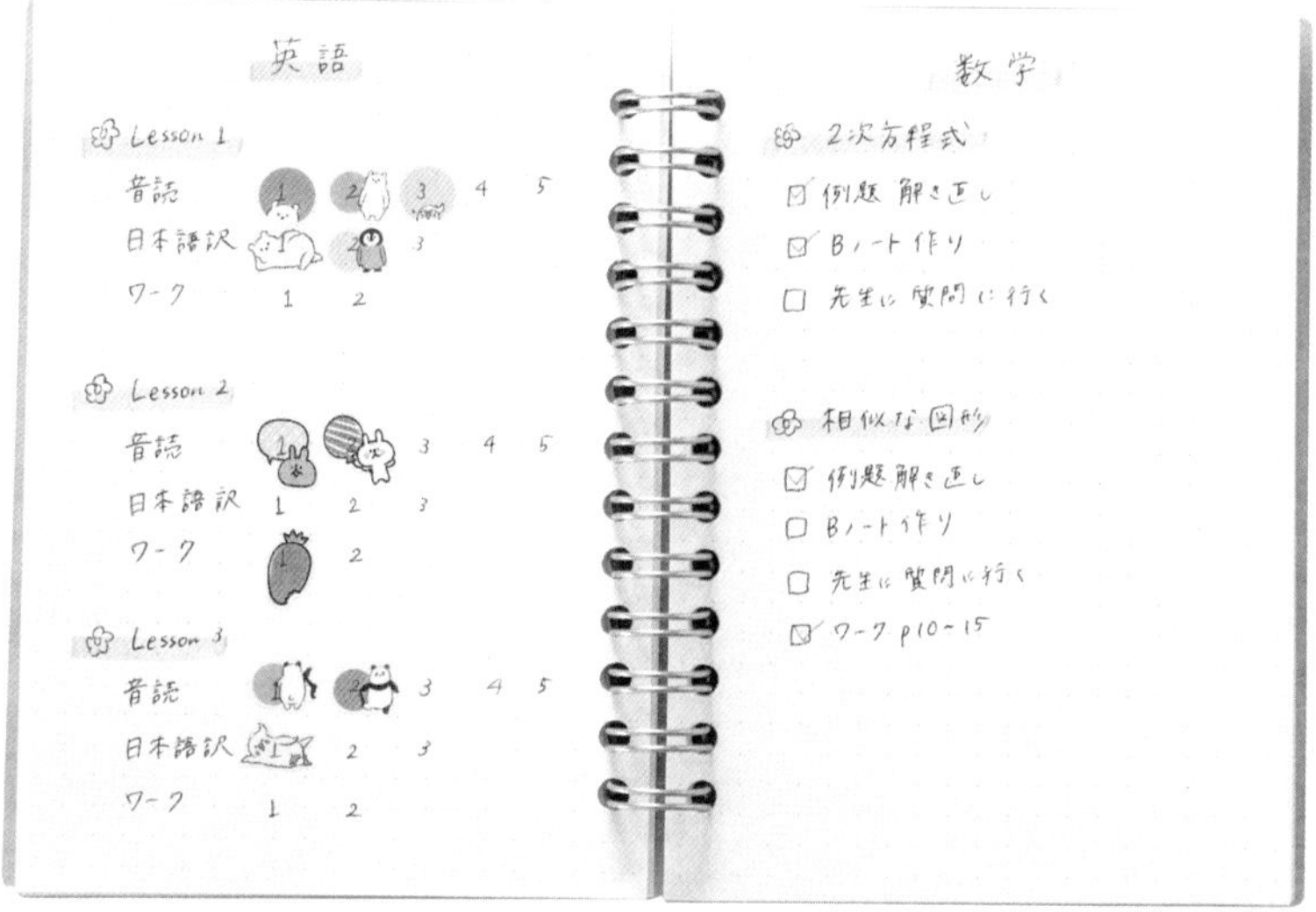

エピローグ

できることから始めてみよう

勉強のやる気や効率、さらには集中力や暗記力をアップさせることができる勉強道具術をご紹介《しょうかい》してきました。お楽しみいただけたでしょうか？

本書でご紹介《しょうかい》したことをたくさん実践《じっせん》していただけたらもちろんうれしいのですが、いきなり全部を変える必要はありません。次のような感じで、できるところから気軽に始めてみてくださいね。

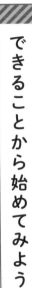

【勉強ビギナーさんの例】
・ペンケースの中を整理し、使っていない文房具を片づけてみる
・自分に合ったシャーペンを探してみる
・机の上の「勉強に関係ないもの」を一度すべてダンボール箱にしまってみる

【勉強中級者〜上級者さんの例】
・お気に入りのペンケースを用意し、メイン文房具をひととおりそろえて入れてみる
・やる気や暗記力が上がる勉強道具術をどれか1つ試《ため》してみる
・溜《た》まっているプリントや、これまで使った教科書やノートを整理・処分してみる

ほどよくこだわって勉強を楽しもう

ここまでお話ししたことと少し矛盾《むじゅん》するようですが、わたしは**「道具にこだわりすぎな**

いことも大切」と思っています。

道具を工夫《くふう》すると勉強を楽しく効率的にすることができますが、勉強の主役は英単語や漢字や計算といった、学習内容そのもの。**道具は、あくまでその相棒です。**

道具にこだわることはとても大切ですが、勉強そのものをがんばるといういちばん大事なことを忘れないようにしながら、上手に活用してみてくださいね。

最後になりますが、このたびの楽しい書籍《しょせき》の企画《きかく》・サポートをしてくださった実務教育出版編集部の栗原美波さん、木村舞美さん、たくさんのコツやおすすめ商品を見やすく楽しく伝わるようにしてくださったデザイナーのIsshikiさん、手に取るだけでわくわく楽しくなるような装丁に仕上げてくださったkrranさん、わかりやすくかわいらしいイラストを描《か》いてくださったイラストレーターのかりたさん、今回新しくイラストを描《か》き下ろしてくださったのだかおりさん、数々の商品紹介《しょうかい》にあたり紙面作りにご協力いただいた文房具メーカーさんに、この場を借りて心より御礼《おんれい》申し上げます。

2023年11月　勉強法デザイナー　みおりん

資料提供

RISU Japan 株式会社
株式会社カンミ堂
株式会社キングジム
株式会社ジャパン・エモーション
株式会社千趣会
株式会社ソニック
株式会社泰明グラフィクス
株式会社トンボ鉛筆
株式会社ドリテック
株式会社レイメイ藤井
株式会社パイロットコーポレーション
クツワ株式会社
クラスタージャパン株式会社
コクヨ株式会社
サンスター文具株式会社
スリーエム ジャパン
セキセイ株式会社
ゼブラ株式会社
ナカバヤシ株式会社
プラス株式会社
ぺんてる株式会社
マックス株式会社
マルマン株式会社
三菱鉛筆株式会社

協力

無印良品

みおりん

1994年生まれ。

地方の県立高校から東大を受験するも、現役時は大差で不合格に。予備校に通わず独学する自宅浪人を経て、1年後に東京大学文科三類に合格。大学在学中よりブログでの勉強法に関する情報発信や学習相談サービスを開始し、これまでに対応した相談数は1万件を超える。同大学の法学部を卒業後、1年半のIT企業勤務を経て2020年に独立。会社員時代に始めたYouTubeは、楽しく学ぶことを主眼に置いた実践的でわかりやすい動画で中学生を中心に人気を博し、チャンネル登録者数は15万人を超える。現在は勉強法デザイナーとして、「すべての人にごきげんな勉強法を」をモットーに勉強法やノート術について情報を発信しているほか、中学生向け文房具シリーズ「みおりん Study Time」のプロデュースや学校での講演などを行っている。著書に『やる気も成績もぐんぐんアップ！　中学生のおうち勉強法入門』『モチベも点数もめきめきアップ！　中学生のおうちノート術』『自信も実力もとびきりアップ！　中学生のおうち高校受験勉強法』（以上、実務教育出版）、『大学合格を引き寄せる！東大卒がおしえる逆転おうち勉強法』（KADOKAWA）などがある。

・YouTube チャンネル：『みおりんカフェ』
・ブログ：『東大みおりんのわーいわーい喫茶』
・Instagram：@miorin2018
・X（旧 Twitter）：@miori_morning
・TikTok：@miorincafe

気分も効率もみるみるアップ！
文房具から始める勉強法入門

2023年12月15日　初版第1刷発行

著　者　みおりん
発行者　小山隆之
発行所　株式会社実務教育出版
〒163-8671　東京都新宿区新宿1-1-12
電話　03-3355-1812（編集）　03-3355-1951（販売）
振替　00160-0-78270

印刷／文化カラー印刷　　製本／東京美術紙工

ISBN978-4-7889-0922-9 C6037